Arthur Neißer
Gustav Mahler. Biografie.

AF152002

SEVERUS Verlag

Neißer; Arthur: Gustav Mahler. Biografie. Einer der bedeutendsten Komponisten der Spätromantik. 2018
Neuauflage der Ausgabe von 1917
ISBN: 978-3-96345-036-5

Korrektorat: Katharina J. Muhr
Satz: Katharina J. Muhr

Umschlaggestaltung: Annelie Lamers, SEVERUS Verlag
Umschlagmotiv: www.pixabay.com

Bibliografische Information der Deutschen Nationalbibliothek: Die Deutsche Nationalbibliothek verzeichnet diese Publikation in der Deutschen Nationalbibliografie; detaillierte bibliografische Daten sind im Internet über https://dnb.de abrufbar.

Der SEVERUS Verlag ist ein Imprint der Bedey & Thoms Media GmbH, Hermannstal 119k, 22119 Hamburg

SEVERUS Verlag, 2018
http://www.severus-verlag.de
Gedruckt in Deutschland
Der SEVERUS Verlag übernimmt keine juristische Verantwortung oder irgendeine Haftung für evtl. fehlerhafte Angaben und deren Folgen.

Arthur Neißer

Gustav Mahler. Biografie.
Einer der bedeutendsten
Komponisten der Spätromantik

Editorische Notiz:
Der Text der vorliegenden Edition beruht auf der Ausgabe:
Arthur Neisser: Gustav Mahler, Verlag P. Reclam jun., 1918, Leipzig.
Die Orthographie wurde behutsam modernisiert, grammatikalische
Eigenheiten blieben gewahrt. Die Interpunktion folgt der Druckvor-
lage. Der Inhalt ist im historischen Kontext zu lesen.

Inhalt

VORWORT

Es gilt, in der nachfolgenden biografischen Skizze, zwischen dem dornigen Gestrüpp des wilden Parteigezänkes über den naturbegeistertsten aller neueren deutschen Tondichter den Pfad zum Lichte einer ruhigen Erkenntnis des wahren Wesens des seltsamen Menschen und vielzerklüfteten Künstlers G u s t a v M a h l e r zu finden. Schon die beiden Biografen Mahlers, Dr. Paul Stefan und Richard Specht, beides Wiener in der ganzen Fülle dieses idealistisch verzückungsfähigen Literatenbegriffes, schon diese beiden Mahler-Apostel beklagen es, dass man sie mit den vielfach urteilslosen Modesnobs zusammenwürfelt, die sich »Mahlerianer« zu nennen wagen. Aber bei all dem bleibenden, dokumentarischen Wert, den die Schriften der beiden Biografen beanspruchen (es sind die im Verlage von Schuster & Loeffler – Berlin erschienene Mahler-Biografie von Richard Specht und die bei R. Piper – München herausgekommene Mahler-Studie Stefans), geraten doch beide Verfasser unwillkürlich oft in eine Schwärmerei, die einer geschichtlichen Wertung von Mahlers Schaffen hinderlich im Wege steht.

Selbstredend liegt es mir fern, die wahrhaft bewundernswerte Einfühlung in Mahlers Wesen und die schriftstellerische Ekstase, die Specht bei der Niederschrift erfüllte, verkennen zu wollen. Aber es kann uns ein schaffender Künstler als Mensch und Genie gefühlsmäßig noch so „nahe liegen", und trotzdem können wir imstande sein, wenn wir sein Gesamtschaffen von der hohen Warte der zusammenfassenden Betrachtung überschauen, die Gipfel dieses Lebenswerkes sich scharf von den minder hohen

Schöpfungen abheben zu sehen. Freilich muss der heiße Feuerodem, der von dem Wesen Gustav Mahlers ausgeht, unwillkürlich auch eine Beschäftigung mit seinen Lebenskämpfen und Werken durchglühen. Unsere eisengewappnete und eisengestählte Zeit sollte nicht Nerven haben, um die tragischen Erschütterungen der Mahlerischen Tonerlebnisse nachzuerleben?

Es ist mir ein Bedürfnis, an dieser Stelle denen zu danken, die mich bei der Abfassung der Arbeit unterstützt haben, an erster Stelle Herrn Direktor Herzka von der Universal-Edition-Wien, der mir das Notenmaterial, die Symphonien und Lieder zugänglich machte. Ganz besonders zu Dank verpflichtet bin ich dem verehrten Herrn Generalmusikdirektor Felix von Weingartner für die wertvollen Aufklärungen, die er mir zu der Frage des »wahren Erbes Gustav Mahlers« persönlich gegeben hat.

Baden bei Wien, 1917.
Dr. Arthur Neißer

Erster Teil

MAHLERS LEBENSLAUF

Einleitung

Das Erlebnis der »Achten«. Mahlers Kritiker.

Wir musikalischen Gefühlsenthusiasten stehen noch immer im Banne jenes Erlebnisses, das am 12. September des Jahres 1910 in dem Riesensaale der Münchner Ausstellungshalle sich in die Seele von Tausenden und Abertausenden von Menschen hämmerte. Es war damals fürwahr nicht leicht, sich inmitten dieses Rausches einer großen Sensation vorurteilsfrei und innerlichst aufnahmefreudig zu halten. Das Schlagwort von der »Symphonie der Tausend«, das, durchaus nicht im Sinne Mahlers, auf diese Achte Symphonie geprägt worden ist, es war gleichsam Symbol der ganzen Persönlichkeit dieses ins Unermessliche strebenden Tondichters.

Nicht lediglich als Schaffender, sondern als G e s a m t - p e r s ö n l i c h k e i t wird Gustav Mahlers Name auf die Nachwelt übergehen. Und wieder denke ich an die Münchner Septembertage des Jahres 1910 und vor allem an die unvergesslichen Proben unter Mahlers Leitung. Es gehöre zur stillschweigenden Vereinbarung unter uns Musikalischen, wenigstens einer oder der anderen dieser Proben beiwohnen zu müssen. Ruckartig wurden wir da der Genialität Gustav Mahlers inne. Dass sich gerade in dieser

»Achten« die Urgewalt Mahlers als Schöpfer mit derjenigen des nacherlebenden, nachfiebernden Dirigenten völlig deckte, diese Tatsache wurde uns damals blitzartig gewiss; ich sage »uns«, und ich denke da an die innerlichen Freunde der Mahlerschen Kunst, für die man damals wie heutzutage noch immer das ach so wohlfeile Schlagwort »Mahlerianer« geprägt hat.

Es ziemt sich zu Beginn unserer Betrachtungen die Namen von vier Musikschriftstellern zu nennen, denen Mahler die Ebnung seiner ersten dornenvollsten Pfade in die Öffentlichkeit zu verdanken hat. Während sich sonst vielfach – zumal in jenen letzten Jahrzehnten des 19. Jahrhunderts, als die musikalische Moderne die erbittertsten Fehden erzeugte – die Historiker und strengen Ästheten von den »kühnen Neuerern«, wie das billige Schlagwort lautete, abwandten, erleben wir bei Gustav Mahler, dass sich neben einem Ästheten wie Professor Max Graf in Wien, der seine Studien über moderne Musik schon sehr bezeichnend »Wagner-Probleme« nannte und sie Mahler widmete, ein junger Musikhistoriker wie Ludwig Schiedermayr, neben diesem wieder der viel zu schnell vergessene frühverstorbene Königsberger Tondichter und begeisterte Bahnbrecher neuer Musik, Ernst Otto Nodnagel und außer diesen dann vor allem Professor Dr. Arthur Seidl, der tiefsteindringende Musikgelehrte (in seinem noch immer nicht genügend unserer Generation in Fleisch und Blut übergegangenen Buch »Moderner Geist in der deutschen Tonkunst«) voller Leidenschaft auf die Werke des jungen Feuergeistes warfen und seine Vorzüge tapfer in Schutz nahmen gegen die Verdächtigungen, die besonders aus dem Lager der norddeutschen, zumal einem Teil der Berliner Kritik förmlich herniederprasselten auf die ersten Aufführungen der symphonischen Erstlinge unseres Tondichters. Wir können dieses Kapitel beim besten Willen nicht beenden, ohne auch auf die konfessionellen Kämpfe hinzudeuten, die sich gerade im Anschluss an Mahler von Anfang an, besonders aber dann während und nach seiner Wiener Zeit, im Kreise der deutschen Kritik erhoben haben. Denn aus rein künstlerischen Gründen war das fast völlige Fehlen von Mahlers b l e i b e n d e n Werken, etwa seiner Zweiten, Vierten und Achten Symphonie, sowie des »Liedes von der Erde« in den deutschen Konzertsälen während der eisernen Kriegszeit unter keinen Umständen zu erklären. Immer wieder stieß man sich an der Tatsache, dass Mahler, dieser »Tyrann auf dem Dirigentenpodium«, wie man ihn unbedachterweise abgestempelt hat, seine Dirigentenbegabung ausgeschlachtet hat, um für sich selbst Reklame zu machen. Es wird das Hauptbestreben dieser Arbeit sein, Mahler von diesem Vorwurf der Unredlichkeit und Eitelkeit, von dem Vorwurf eines »eben aus seiner Rasse zu erklärenden Geschäftsgeistes« zu reinigen Hierbei sei erwähnt, dass, wie uns sein intimster Freund und scharfer, nur ganz selten in seinem Blick von Freundesliebe getrübter Biograf, Professor Guido Adler in Wien (in seiner in der Universal-Edition-Wien 1915 erschienenen knapp zusammenfassenden Broschüre) nachgewiesen hat, Mahler in einem ganz bestimmt zu umgrenzenden Zeitpunkt seines Lebens aus tiefstinnerer Weltanschauung und Kunstüberzeugung heraus den katholischen Glauben angenommen hat. Dieser stets sich völlig entäußernde Mensch und Künstler hatte eine Eigenschaft, – das hat übrigens auch einer aus dem anderen Lager, Dr. Karl Storck, sehr treffend festgestellt – die mit seiner Abstammung zusammenhängt, die ihn aber gerade zum Vollkünstler erhob: jenen geradezu patriarchalischen Fanatismus, wie er den Sehern der Bibel zu eigen war … Eben jener Dr. Storck hat denn auch den lobenswerten Freimut besessen, in einem (im »Türmer«, 1911 erschienenen) Nach-

7

ruf an Mahler offen zu bekennen, dass er sich denn doch wohl getäuscht habe, als er das »widerwärtige Reklamespiel, das sich mit dem Namen Mahlers und mit den Aufführungen seiner Werke verband, lediglich Mahler allein in die Schuhe geschoben hat, sondern dass dies wohl mehr mit dem ganzen öffentlichen Konzertbetrieb unserer Zeit zusammenhänge«.

Der Gesamtpersönlichkeit Gustav Mahlers gilt dieses Büchlein. Es geht nicht an, Mahler, den Schöpfer, einfach nur als »einen« modernen Musikertyp festlegen zu wollen; sondern er bezeichnet weit mehr noch als Richard Strauß den Typus des modernen Künstlermenschen schlechthin, der zwar im Grunde seines kindgläubigen Herzens ein leidenschaftlicher Freund, ja ein Bruder der Natur war, in dem sich aber eben diese Naturzusammengehörigkeit zu einer philosophisch-mythischen Ergriffenheit sondergleichen gesteigert hat. Darum hat ihn auch einer seiner französischen Verehrer, der geistvolle Musikschriftsteller William Ritter mit vollem Recht »den Christen« unserer Zeit genannt. Ein ganz persönlicher Pantheismus, der im Grunde doch Monotheismus ist, lebt sich in all seinen Symphonien, mit gewissen stilistischen Abwandlungen und Steigerungen, aus.

Wollen wir nun dazu schreiten, uns das Traumwandlerdasein eines solchen, von Gottesgluten umloderten künstlerischen Märtyrers zu vergegenwärtigen, so müssen wir uns fast gewaltsam von diesem ungeheuren Bann zu lösen trachten, den der Mensch und Dirigent Mahler auf uns ausübte, in dessen Antlitz ja nicht umsonst ein fast mephistophelischer Sarkasmus mit einer cäsarenmäßigen Herrscherenergie sich vermählte.

Erstes Kapitel

Mahlers Kindheit und Jugend. Die ersten Eindrücke.
Erster Musikunterricht. In Iglau. Am Wiener Konservatorium. Erste Kompositionen. Mahler und seine Freunde.

Gustav Mahler ist, gleich so vielen anderen Lichtbringern
der Menschheitsgeschichte, aus den bescheidensten Verhältnissen hervorgegangen. Nach allgemeinen Angaben
wurde er am 7. Juli 1860 zu Kalischt, einem kleinen Ort
an der Grenze Böhmens und Mährens geboren. (Mahler
selbst pflegte den 1. Juli als seinen Geburtstag zu bezeichnen; diese Frage wird nicht geschlichtet werden können,
solange sich nicht die verlorenen Geburtsurkunden wie-
derfinden.) Seine Eltern, Bernhard und Marie Mahler,
geborene Hermann, gehörten dem einfachen Kaufmanns-
stande an; sie waren der Typus jüdischer Kleinhändler,
wie sie gerade in jenen Gegenden häufig sind. Die Eltern
brachten es, dank dem Fleiß des Vaters, zu einem bescheidenen Auskommen; bei dem großen Kindersegen indessen, der über Frau Marie herniederströmte – Guido Adler
zählt in der bereits erwähnten Broschüre nicht weniger
als elf Geschwister auf, unter denen zwei Schwestern mit
Mitgliedern der trefflichen Wiener Musikerfamilie Rosé
verheiratet sind, nämlich Justine mit dem Führer des
Rosé-Quartetts, Professor Arnold Rosé und Emma mit
dem Solocellisten Eduard Rosé – hat es der Vater jedenfalls nicht leicht gehabt, die Kinder anständig zu erziehen.
In dem kleinen Gustav zeigte sich schon mit zwei Jahren
die musikalische Veranlagung; da sang er nämlich schon
die Volks- und Soldatenlieder mit und nach, die er in der
nahen Kaserne hörte (man sagt, er habe schon damals
Hunderte solcher Lieder beherrscht!). Mahler hat es selbst

noch später immer wieder betont, dass auf den künstlerisch begabten Menschen bestimmend doch vor allem die Eindrücke aus der ersten Kindheit sind, und wir werden im Verlauf unserer Betrachtungen sehen, wie rührend sich diese Heimatspietät, diese Vorliebe für Soldatenlieder als wesentlicher Faktor seiner schöpferischen Begabung kennzeichnet. Mit vier Jahren spielt das Kind auf einer Ziehharmonika alles nach, besonders gern die Militärmärsche – auch dieser Hang zu »feschen« Marschrhythmen bricht bei dem reifen Künstler unwiderstehlich durch. Es wird erzählt – Paul Stefan, der getreue Mahler-Wart, hat darüber besonders anziehend berichtet – der Knabe sei einmal in seiner schon damals bemerkbaren impulsiven Art den Soldaten nachgeeilt und mit ihnen mitmarschiert; später habe er dann den ihn einholenden Marktfrauen ein kleines Militärkonzert gegeben.

Den ersten Musikunterricht erhielt der Knabe bei dem Theaterkapellmeister Viktorin. Eine Sensation bedeutete für den Sechsjährigen die Entdeckung eines alten Klaviers unter dem väterlichen Hausrat. Nun war er natürlich nicht mehr von dem Instrument fortzubringen, und er lernte bei Klavierlehrer Brosch so schnell, dass er sehr bald einen um ein Jahr älteren Kameraden – die Stunde zu zehn Heller – unterrichten konnte. Wir wollen gern glauben, dass er seinem armen Schüleropfer gegenüber bald derartig streng wurde, dass der Unterricht schleunigst eingestellt werden musste. Schon damals also erwachte der lediglich aus innerster Begeisterung erwachsene Herrscherwillen des späteren »Tyrannen«! ... Auch die Leseleidenschaft regt sich schon in der Volksschule und später im Gymnasium zu Iglau, wohin die Eltern sehr bald übersiedelten. Der kleine Gustav war damals – in den Jahren 1869 bis 1875 – nicht gerade ein aufmerksamer Schüler. Auch aus dieser Zeit wird uns etwas ungemein Charakteristisches überliefert; der Knabe soll einmal, mitten in der Unterrichtsstunde, einen Ton vor sich hin gepfiffen haben, ohne es selbst zu wissen; erst der warnende Zuruf des Lehrers schreckte ihn aus seinen Träumen. Die Eltern waren sich darüber klar, dass ihr Gustav zu Großem berufen sei, und im Jahre 1875 begab sich der Vater mit dem siegessicheren Knaben zu Meister Julius Epstein nach Wien und ließ ihn prüfen. (Altmeister Epstein gehört zu jenen Vertretern des musikalischen Alt-Wien, die es sich zur Lebensaufgabe gemacht haben, unter Hintansetzung der eigenen Person, werdenden Genies die Wege ebnen zu helfen; wohl alle großen Musiker, die in der zweiten Hälfte des vergangenen und in der ersten Hälfte des jetzigen Jahrhunderts in Wien gewirkt haben, erfreuten sich entweder des Unterrichts oder zum mindesten der aneifernden Freundschaft dieses geborenen Pädagogen.) Kaum hatte der kleine Sprühgeist auf dem Klavier Eigenes und Fremdes vorgespielt, als auch Epstein schon freudig ausrief: »Das ist der geborene Musiker!« So trat denn der fünfzehnjährige Knabe als Schüler in das altberühmte Wiener Konservatorium ein.

Wir müssen uns vergegenwärtigen, dass damals in dieser Wiener Hochschule noch der Geist des »alten« Hellmesberger rege war, der z.B. einem Hugo Wolf eine Strafe wegen Disziplinarvergehens eingetragen hat. Wir werden wohl kaum in der Annahme fehlgehen, dass sich auch der jugendliche Mahler nicht immer sehr ehrerbietig gegen seine Lehrer benommen hat, wenn auch nicht gegenüber Professor Epstein, in dessen Klavierausbildungsklasse er in dem Semester 1875/76 tätig war. Harmonielehre betrieb er bei Professor Robert Fuchs, dem ausgezeichneten Lehrer und stillschaffenden Tondichter, dessen Wiener Ehrungen gelegentlich seines siebzigsten Geburtstags (im Februar 1917) diesem allzu bescheidenen Komponisten zart versponnener Serenaden endlich gezeigt haben werden, welche Bedeutung sein Wirken, namentlich als Lehrer, weit über Wiens Grenzen hinaus beansprucht; den Sinn für Formabrundung, wie er auch aus den scheinbar verwegensten Formerweiterungen in Mahlers Musik noch immer spricht, hat unser Künstler sicherlich der Erziehung bei Robert Fuchs zu verdanken. Kompositionsunterricht erhielt er bei Theodor Krenn. Sowohl als Klavierspieler (für den Vortrag einer Schubertschen Sonate) wie als Komponist (für den ersten Satz eines Klavierquintettes) erhielt er den ersten Preis. Sehr bezeichnend für den Schöpfer Mahler ist seine angeborene Sicherheit in der Beherrschung des Kontrapunktes, so dass er von Direktor Hellmesberger von dem Unterricht in diesem Fach befreit wurde. Auch im zweiten Studienjahre erhielt Mahler beim »Klavierkonkurs« wieder einen ersten Preis. Bei der Schlussproduktion am 11. Juli 1878 wurde das Scherzo eines Klavierquintettes von ihm aufgeführt. Mahler, der selbst den Klavierpart spielte (es sei gleich hier betont, dass unter Tondichter zeitlebens ein ganz ausgezeichneter Klavierspieler gewesen ist, der freilich seine Kunst nur im engsten Freundeskreise ausübte, dann aber seine Hörer durch die suggestive Art seines Spiels förmlich entrückt haben soll), erhielt in seinem Abgangsprüfungsdiplom für die Hauptfächer das Prädikat »vorzüglich«, für die Nebenfächer hatte er immerhin einen genügenden Erfolg erzielt. Die Gymnasialbildung hatte er inzwischen durch private Arbeit so gefördert, dass er in Iglau die Reifeprüfung bestehen und die Universität Wien als Hörer philosophischer und geschichtlicher Vorlesungen besuchen konnte. Wir wissen jedoch, dass sich unser Künstler sein vorbildliches Wissen von jeher in der Hauptsache durch eigene Arbeit erworben hat. Ein so tiefschürfender Geist wie der Mahlers fand nicht Genüge an der mehr oder weniger trockenen und subjektiven Lehrweise der Dozenten, sondern er bedurfte der eingehendsten persönlichen Durchbringung des zu beherrschenden Gegenstandes. So wie Mahler zeitlebens seine höchste Befriedigung – nach seiner Kunst – im Verkehr mit ihm ebenbürtigen Geistesfreunden und -verwandten fand, so hielt er auch mit den großen Geistern der Weltliteratur geheimst vertraute Zwiesprache.

Nicht sicher überliefert ist das Verhältnis Mahlers zu seinem großen Vorgänger Anton Bruckner. Wir wissen zwar, dass er dessen Vorlesungen an der Universität besucht hat, wissen ferner, dass sich eine Art von väterlichem Freundschaftsverhältnis zwischen Bruckner und Mahler entwickelt hat, hören auch, dass Bruckner in seiner bekannten scheuen Ehrfurcht vor jeglicher geistigen Überlegenheit den um so vieles jüngeren Musiker stets bis zur Haustüre hinunterbegleitete, wenn Mahler den im vierten Stockwerk wohnenden Meister besuchte. Doch habe ich nirgends in den vielen Gesprächen Mahlers mit seinen Vertrauten, namentlich mit dem ausgezeichneten Grazer Dichter und Musiker Ernst Décsey hatte, auch nur eine Andeutung davon entdecken können, dass Mahler sich der Förderung gerade durch Bruckner besonders dankbar entsonnen hätte. Was natürlich nicht etwa besagen will, dass der moderne Freigeist und dämonisch aufwärts ringende Schöpfer Mahler nicht dennoch dem großen Wiener Meister der Symphonie sehr viel zu verdanken hat. Dass Mahler sich jedenfalls nicht zu hoch dünkte, um von Bruckner zu lernen, hat er frühzeitig schon dadurch bewiesen, dass er einen Klavierauszug von Bruckners 3. Symphonie hergestellt hat, der im Jahre 1878 bei Bösendorfer & Rättig (jetzt Schlesinger) erschienen ist.

Nicht unwichtig ist es, die Lektüre zu betrachten, die unser Künstler in seinen Jünglingsjahren betrieben hat; es zogen ihn besonders die Schriften Kants und Schopenhauers, später dann auch Fechner, Lotze, Helmholtz und besonders Nietzsche an. Seiner innersten, aus Dämonie und Ironie, aus Fantastik und Romantik seltsam gemischten Natur kamen ganz besonders E.T.A. Hoffmann, Jean Paul und der düstere Dostojewski entgegen. Ihrer wildzerklüfteten Fantastik eiferte der leidenschaftliche Künstler aufs Heftigste nach, und wenn wir immer wieder von der geradezu staunenswerten Geschmeidigkeit seines Geistes lesen, wenn wir von seiner hervorragenden Schlagfertigkeit vernehmen, die sich blitzschnell in den Gesamtkomplex der ihn beschäftigenden Gegenstände versenkte, so dass er dann das innerste Wesen mit einem nicht zu übertreffenden Schlagwort bezeichnete – so wundern wir uns auch nicht mehr über seine Erlebniskraft als Dirigent sowohl eigener wie fremder Werke. Wir verstehen es dann auch, warum Mahler von jeher sehr wählerisch in seinem Umgang gewesen ist, und insbesondere, warum er sich gerade den Einsamen, den nicht immer »Gesellschaftsfähigen« mit wahlverwandter Vorliebe zuwendete und sie gefördert hat, wo er nur konnte; so auch den verschlossenen Hugo Wolf, der damals schon von den Ahnungen des nahenden Wahnsinns leise überrauscht war und dessen »Corregidor« der Direktor Mahler auch später zur Aufführung in der Wiender Hofoper allen Widerständen zum Trotz durchzusetzen wusste.

Zweites Kapitel

Lehr- und Wanderjahre. Kapellmeister in Hall, Laibach, Olmütz. Kgl. Musikdirektor in Kassel. Am Deutschen Landestheater in Prag. Berufung nach Leipzig ans Stadttheater.

Wenn wir uns das Bild des begeisterten und begeisternden Wiener Hofkapellmeisters Mahler vergegenwärtigen, dieses Bild, als das ja doch vielleicht Name und Persönlichkeit unseres Meisters in das Bewusstsein der Musikgeschichte noch dauernder übergehen wird, als in der Gestalt des titanisch ringenden S c h ö p f e r s Mahler – so werden wir dem Geschick dankbar sein müssen, das den neunzehnjährigen Jüngling bereits in die Laufbahn des wandernden Theaterkapellmeisters warf. Der unbändige Arbeits- und Tatendrang, der ihn beherrschte, fand auf die Dauer nicht die genügende Befriedigung in den Klavierstunden, die der aufs Verdienen Angewiesene geben musste, und wenn sich auch sein Kompositionstalent bereits in diesen seinen jungen Jahren sehr deutlich geregt hat, so war doch das Bewusstsein, zum Dirigenten geboren zu sein, von Anbeginn an in ihm viel zu deutlich, als dass er sich hätte an den Schwierigkeiten stoßen sollen, die einem protektionslosen jungen Theaterkapellmeister beschieden sind. Im Gegenteil: solche Kämpfe spornten den Feuerkopf erst recht an, sich Hals über Kopf auf diesen Beruf zu stürzen. Dazu kam dann noch der Umstand, dass Mahler bisher weder Zeit noch Geld erübrigt hatte, die klassischen Meisterwerke auf dem Theater zu sehen und zu verarbeiten. Vielleicht hatte er auch absichtlich sich gleichsam jungfräulich aufnahmefreudig erhalten wollen, um die unvergänglichen Schöpfungen seiner Vorbilder ebenso im vertrauten Zwiegespräch selbst kennenzulernen wie die Werke der Literatur. So erklärt sich dann auch der höchst persönliche Standpunkt, den Mahler den von ihm interpretierten Werken gegenüber eingenommen hat.

Wieder ist es Freund Epstein gewesen, der dem kaum zwanzigjährigen jungen Manne aufs Dringlichste riet, nicht auf die an sich wohlgemeinten Warnungen der Eltern zu hören, sondern das ihm von einem Agenten angebotene Engagement als Kapellmeister ans Sommertheater in Hall (Oberösterreich) mutig anzunehmen. Da dirigierte denn der junge Mahler Operetten, Possen und Schauspielmusiken für das fürstliche Monatsgehalt von sechzig Kronen, und für ein Extraspielhonorar von, sage und schreibe, fünfzig Kreuzern den Abend. Was verschlug es ihm, wenn sich die Herren Orchestermusiker der Sommerbühne hie und da auflehnten gegen die leidenschaftlichen Tempi oder gegen die Feinheiten, die er auch aus Werken der untersten Musikgattung herauszuwittern verstehen mochte? Für ihn war der Anfang gemacht. Auch darüber, dass er nicht sogleich im nächsten Herbst wieder eine Zeit lang als Lehrer forthelfen musste, auch darüber verlor er seine gute Musikantenlaune nicht.

In seinem nächsten Engagement, am Theater zu Laibach (1881/82), lagen ihm doch wenigstens bereits Opern vor; freilich waren auch da noch die Verhältnisse recht minderwertig.

Ein Zufall verschafft ihm eine Berufung ans Stadttheater nach Olmütz, nämlich der plötzliche Tod des dortigen ersten Kapellmeisters. In dieser Stellung regte sich, soweit bisher bekannt geworden, wohl zum ersten Mal der eigenwillige Künstlertrotz des rücksichtslos um und für seine Ideale kämpfenden Musikers; er hatte nämlich sehr bald erkannt, dass weder das Orchester- noch das Sängermaterial den Anforderungen der Meister, Wagners und Mozarts vor allem, auch nur im entferntesten genügten. So strich er denn kurz entschlossen ihre Werke aus dem Spielplan, ohne auf die Klagen des einnahmehungrigen Direktors zu achten. Es wurden fast ausschließlich Opern von Meyerbeer und Verdi gegeben, ferner unter anderen »Josef in Ägypten« und »Carmen«. Einer solchen ausgezeichneten »Carmen«-Aufführung wohnte der Intendant des Hoftheaters in Kassel bei und verpflichtete den jungen Künstler daraufhin sofort als Kgl. Musikdirektor. Während der beiden Jahre in Kassel begann nun die eigentliche Entwicklungszeit des selbstständig arbeitenden Dirigenten

Mahler. Er hatte hier vorzugsweise die Werke der Romantiker zu leiten, und seine große Liebe zu C.M. von Weber mag sich, wenn er den »Freischütz« dirigierte, vertieft haben. Freilich hatte er auch in dieser Stellung noch keine Gelegenheit erhalten, die Klassiker – Mozart und Wagner vor allem – neu zu beleben. So kam es bald zu Meinungsverschiedenheiten zwischen dem auf seiner Meinung über Kunst und Pietät beharrenden böhmischen Trotzkopf und der hochlöblichen preußischen Intendanz, besonders als er einmal eine wertlose Tannhäuserparodie dirigieren sollte, was er rundweg abschlug. Das galt als schwere Insubordination. In Kassel begannen auch die Orchestermusiker die Strenge der Mahlerschen Proben zu fühlen, die oft acht Stunden und länger dauerten. Wie sehr man jedoch das hohe Talent Mahlers schon damals einschätzte, ging daraus hervor, dass man ihn zur Leitung eines Musikfestes im nahen Münden berief, das im Sommer des Jahres 1885 stattfand. Zwischen den beiden Engagements – Olmütz und Kassel – leitete Mahler im Karltheater in Wien eine italienische Opernstagione als Chordirektor, um sich auch in dieses wichtige Sondergebiet des Kapellmeisterberufes einzuarbeiten und gleichzeitig seine Repertoirekenntnisse zu erweitern. Auch fällt in den Sommer des Jahres 1883 der erste Besuch des begeisterten Wagnerjüngers in Bayreuth. »Parsifal« hat in der für Mystik stets überempfänglichen Seele des Jünglings tiefe Spuren hinterlassen; sagt er doch selbst, es sei ihm mit diesem Höhewerk »das Größte und Schmerzlichste aufgegangen«. Von Bayreuth aus machte er auch einen Ausflug in das nahe Wunsiedel, in dieses Urbild einer kleinen deutschen Amtsstadt, das doch durch seine ganz seltsam malerische Lage an der Schwelle des romantischen Fichtelgebirges so recht geschaffen war, die Heimat des großen Träumers und tiefstgründigsten aller Fantasten des 18. Jahrhunderts, die Heimat Jean Pauls zu werden, dieses Dichterträumers von gewaltigem Wissen, dessen »Titan«[1] unserem Künstler ja die Anregungen für seine erste Symphonie geben sollte.

Das Musikfest in Münden, das Mahler im Sommer des Jahres 1885 leitete, sollte für den Künstler von vielfacher Bedeutung werden. Vor allen Dingen ist es biografisch äußerst interessant, wie sich schon hier das organisatorisch-beherrschende Genie Mahlers regte und entfaltete. Er ahnte wohl, dass ihm sein Kollege, der erste Kapellmeister des Kasseler Theaters, die Übernahme der Leitung nachtragen und dass daraus Komplikationen entstehen würden. Aber was kümmerte das den Heißsporn? Er war sich seiner Bedeutung schon damals viel zu bewusst, um kleinlicher Rücksichten wegen etwa zurückzutreten. Und dann begeisterte ihn auch das Programm als solches: er teilte sich in dessen Leitung mit dem Kgl. Universitätsmusikdirektor Freiberg in Marburg, der den rein orchestralen Teil übernahm, während es Mahler vor allem lockte, Mendelssohns »Paulus«, diese hochdramatische Musik, in der so viel seinem jugendlichen Gären Verwandtes lebt, zu leiten. Das achtzig Mann starke Orchester war aus den verschiedenen Orchestern der Städte Kassel, Marburg, Münden und Nordhausen zusammengesetzt: in der meisterlichen Beherrschung eines so vielgestaltigen Klangkörpers (auch die Chöre waren aus den verschiedenen Vereinen zusammengestellt, deren Dirigent er im Laufe der Jahre in Kassel und Umgebung geworden war) zeigte sich die frühe Herrscherstellung im Reiche des Orchesters, die Mahler eingenommen hat, ohne dass er sich dazu gedrängt hätte. Noch ein ganz eigener Reiz mochte für den Künstler wohl darin liegen, dass mitten in die Vorbereitungen zu dem an den Tagen des 29. und 30. Juni sowie 1. Juli stattfindenden Feste schon die Vorfreude

---

1   Universal-Bibliothek Nr. 1671-1678.

auf das Probeengagement am Leipziger Stadttheater fiel, das er im Monat Juli 1885 absolvierte und das mit einer Verpflichtung für die Saison 1886/87 endete.

Die dauernden Reibungen mit der Kasseler Hoftheaterintendanz hatten in dem ehrgeizigen Jüngling jedoch schon vor dieser Berufung den Entschluss reifen lassen, sich in aller Form nach einer anderen Stellung umzuschauen. Es ist begreiflich, dass es Mahler als Böhmen und warmblütigen Musikanten besonders stark nach Prag zog, wo ja damals kein Geringerer als Angelo Neumann, der geniale Theaterleiter, seines Amtes als Direktor des Deutschen Landestheaters waltete. Neumann hat es (in Paul Stefans schönem Mahlerbuch »Gustav Mahler in Widmungen«, München bei Piper, ist davon zu lesen) nicht ohne Stolz erzählt, wie er einen Bewerbungsbrief des jungen Kasseler Chordirektors und Kapellmeisters Gustav Mahler unter den zahlreichen ähnlichen Schreiben, seines selbstbewussten und doch nicht unbescheidenen Tones wegen mit einem ermunternden Wort geantwortet hat.

So erklärt sich auch der schnelle Antritt dieses Prager Engagements, als zweiter Kapellmeister (neben Slansky), das der impulsive, fieberhaft arbeitslustige Künstler bereits im August 1885 übernommen hat. Angelo Neumann hatte die Prager Bühne gerade eben erst zu führen begonnen, und es gab sehr viel Arbeit, um in die ziemlich zerfahrenen Zustände Sinn und Ordnung zu bringen. Als erster Kapellmeister stand Mahler eine kurze Zeit lang Anton Seidl zur Seite, den es jedoch sehr bald nach Amerika zog. Eine Aufführung der damals noch allgemein im Spielplan der deutschen Bühnen befindlichen Oper »Der Wasserträger«, dieses Cherubinischen Meisterwerkes, das ja Beethoven so hoch geschätzt hat, entfachte in dem dirigierenden jungen Mahler alle Gluten nachschöpferischer Begeisterung, und es ist nicht zu verwundern, dass ihn gerade auf eine

»Wasserträger«-Aufführung hin Angelo Neumann fest verpflichtete. Doch noch mehr rissen den innersten Nerv seines Musikertumes die Proben zu »Rheingold« und »Walküre« empor. Die selbstständige Beschäftigung mit den Klassikern war ihm ja an den früheren Stätten seines Wirkens nur sehr selten zuteil geworden. Insbesondere war es eine Neueinstudierung des »Don Juan« von Mozart, die mit Mahlers Namen von Prag an für alle Zeiten verknüpft ist; auch in Budapest und vor allem später in Wien lässt er uns fühlen, wie tief dieses Meisterwerk in seiner Seele Wurzel geschlagen hatte.

Doch nicht im Theater allein erntete der junge Dirigent in Prag Lorbeeren; auch auf dem Konzertpodium waltete er als unumstrittener Herrscher. Beethovens »Neunte«, die für Mahler ein Evangelium bedeutete, dirigierte er – nach einer einzigen Probe – auswendig und erzielte einen ungeheuren Erfolg. Alle Kreise des musikalischen Prag, die tschechischen wie die deutschen, unterschrieben sich auf der Glückwunschadresse, die man ihm nach der denkwürdigen Aufführung übermittelte, und auch Angelo Neumann beteiligte sich in einem sehr schmeichelhaften Briefe an seinen jungen Kapellmeister an dieser allgemeinen Huldigung. In Prag nahm Mahler auch die Gelegenheit wahr, für seinen alten »Adoptivlehrvater« (um Guido Adlers Ausdruck zu gebrauchen) Anton Bruckner durch die Aufführung von dessen Scherzo aus der dritten Symphonie einzutreten. In dem gleichen Konzert, das u.a. noch Wagners Kaisermarsch enthielt, wurden auch, nach Paul Stefans Mitteilungen, etliche Mahlersche Kompositionen, nämlich einige seiner ersten Lieder zum ersten Male aufgeführt, und eines davon, »Hans und Gretel«, musste die Sängerin, Fräulein Frank, wiederholen.

Das fast freundschaftliche Verhältnis zwischen dem jungen Kapellmeister und seinem Direktor blieb jedoch nicht lange ungetrübt. Julius Steinberg hat uns aus der Prager Zeit erbauliche Dinge erzählt, namentlich von den Differenzen, die Mahler mit der Ballettmeisterin der Prager Bühne hatte. Dem von Jugend auf ernsten und keuschen Wesen unseres Künstlers war dieser Teil seiner Beschäftigung am Theater stets der verhassteste gewesen. Es muss nun bei einer Vorstellung der Gounodschen »Margarete« zu der Weigerung des Dirigenten gekommen sein, sich den Weisungen der Ballettmeisterin zu fügen. Daraufhin soll ihm der gestrenge Herr Direktor sofort gekündigt und dazu in einer Unterredung folgende höchst »einleuchtende« Argumente beigebracht haben: »Meine Ballettmeisterin hat mehr Praxis als Mahler: was sie ihm sagt, hat er freudig zu begrüßen und zu befolgen. Er folgte nicht – so schicke ich ihn fort. Das ist mein Brotgeberrecht. Wenn meine Ballettmeisterin dem ›Faust‹ die Gedärme herausnimmt, so hat auch Mahler sich danach zu richten und sie schmackhaft zu servieren. Will er es nicht, so schüttle ich ihn eben ab, wie eine Raupe.« – Diese Kunstgrundsätze nannte Mahler nicht mit Unrecht einen »Kotbrei, den ihm sein Direktor ins Gesicht spritzte«. Nur der dämonische Arbeitsdrang, der in ihm waltete, bestimmte Mahler, sich zum Ausharren bis zum Ende der Spielzeit zu bequemen, jedoch nur unter der Bedingung, dass – ein echt Mahlerscher Zug – sein Direktor ihm Genugtuung geben würde! Das geschah denn auch, freilich in einer Form, bei der sich der allgewaltige Chef nicht allzu wehe tat, indem er die eigentliche Affäre umging und die Verdienste Mahlers um das Prager Theaterleben in einem Schreiben ausdrücklich anerkannte.

Wir können es dem werdenden Meister nachfühlen, mit welcher Ungeduld er das Ende der Spielzeit abwartete, bis dann endlich das Jahr 1886 und mit ihm – im Sommer 1886 – der Antritt seines Engagements als zweiter Kapellmeister neben Arthur Nikisch am Leipziger Stadttheater herannahte.

Drittes Kapitel

Wirksamkeit am Leipziger Stadttheater. Berufung als Direktor der kgl. Ungarischen Oper nach Budapest. Berufung an das Hamburger Stadttheater.

Das äußere Leben unseres Künstlers zeigt in fast mystischer Art das weise Walten einer gütigen Vorsehung. Kaum hatte sich dem Aufwärtsfluge, dem ideellen Streben seines nimmermüden Geistes irgendein Hindernis in den Lebensweg gestellt, so trat auch schon das Ereignis ein, das ihn wieder schadlos hielt für die ausgestandenen Widerwärtigkeiten. Für Mahler war die vornehmste Losung seines Lebens: Arbeit, rastlose Arbeit um und für seine geliebte Kunst; daneben freilich und stets das starre Verfechten s e i n e r Ideale, seines eigenen Erlebens der klassischen Meisterwerke. Da hatte er nun in dem Direktor Staegemann des Leipziger Stadttheaters einen künstlerisch weitblickenden und verständnisvoll mitgehenden Direktor, der ihm zugleich Mitarbeiter und Verwirklicher seiner Pläne war. Dr. Max Steinitzer, der geistvolle Leipziger Musikschriftsteller, hat (innerhalb der schon erwähnten, von Dr. Stefan herausgegebenen Widmungen an Mahler) auf ausgezeichnete Weise den damaligen Lebensabschnitt in dem jungen Künstler festgelegt. »Der junge Mahler«, so sagt Steinitzer, »verkörperte den Menschen als Ausdruck unter so vielen, für die der Mensch nur als Form existierte. Prätentionen, Halbheiten waren ihm so verhasst, dass man ihm sein Urteil sofort anmerkte.« Schon damals regte sich in dem jungen Dirigenten sein später ja immer schärfer hervortretender Hang zum genauesten Befolgen der Tempo- und dynamischen Vorschriften, den man ihm fälschlich als Pedanterie ausgelegt hat. Da schildert denn Steinitzer »die Freude von uns Jungen über Mahlers c r e s c e n d i und r i t e n u t i.« Viel mag zu der befriedigenden Tätigkeit in Leipzig auch das ausgezeichnete Verhältnis zu Arthur Nikisch beigetragen haben, der damals als erster Kapellmeister am Theater wirkte, aber niemals den Vorrang im Amt seinen jüngeren Kollegen hat fühlen lassen. Wäre sonst Arthur Nikisch der feinfühlige und moderne Dirigent, wenn er nicht schon damals erkannt hätte, wie hier ein junges Genie seiner innersten Sendung folgte, als es sich nach der Interpretation möglichst vieler Werke fieberhaft drängte? Wie ungemein tätig Mahler in Leipzig gewesen ist, geht daraus hervor, dass er in der zweiten Spielzeit – 1887/88 – in 214 Vorstellungen nicht weniger als 54 verschiedene Werke dirigiert hat. Hierbei ist noch besonders zu berücksichtigen, dass er während eines vollen halben Jahres den schwer erkrankten Arthur Nikisch voll zu vertreten hatte.

Zu den Aufgaben, die er sich damals selbst gestellt und durchgeführt hat, gehört ein großer Weber-Zyklus (fällt doch auch die Bearbeitung der nachgelassenen Oper C.M. v. Webers »Die drei Pintos« in diese Zeit). Spielend nahm Mahler die große Arbeitslast auf sich und entledigte sich ihrer mit der Leichtigkeit und mit der Sicherheit des geborenen Opernleiters. Auffallenderweise verbesserte jedoch Direktor Staegemann die Stellung unseres Künstlers nach der Genesung Nikischs nicht nur nicht, sondern er erneuerte auch den abgelaufenen Vertrag nicht, worauf wohl Mahler in seinem steten Siegesgefühl sicher gerechnet hatte; er war deswegen damals, im Sommer des Jahres 1888, in sehr enttäuschter Stimmung. Doch schon wenige

Wochen darauf wird Mahler zum Direktor der kgl. Ungarischen Oper in Budapest ernannt, und zwar mit einem Jahresgehalt von 10.000 Gulden! Die Vorgeschichte dieses Engagements hat uns Guido Adler authentisch berichtet. Im Namen der Pester Künstler wurde nämlich Professor Adler, der ja durch seine offiziellen Beziehungen zum Ministerium einen großen Einfluss besaß und als Musikgelehrter und als Freund Mahlers den Künstler natürlich am besten kennen musste, von David Popper, dem berühmten Budapester Cellisten, über die Eignung unseres Tondichters für die so verantwortliche Stellung um Rat gefragt.

Es galt, in Pest ungeheuer schwierige Verhältnisse zu ordnen, und der Boden war und ist dort noch besonders heiß. Die 1884 eröffnete Kgl. Ungarische Oper war gerade damals in eine schwere Krise sowohl künstlerischer wie finanzieller Natur eingetreten. Hier war ein energischer Wille nötig; und den entfaltete Gustav Mahler in Budapest in mutigster Weise. Man muss bedenken, dass er der ungarischen Sprache völlig unkundig war und dennoch das teilweise völlig ungeschulte Personal in zwei arbeitsüberreichen Jahren zu einer großen Sicherheit gebracht hat. Das Publikum der eleganten ungarischen Metropole, das ja in künstlerischer Beziehung vor dem Kriege vielfach dem mondänen Geschmack der Franzosen huldigte und für die weltberühmten Stars sehr viel übrig hatte, musste erst ganz langsam erzogen werden. Zunächst galt es, die Vorstellungen von dem Sprachenwirrwarr zu reinigen, in den sie geraten waren; da ward Ungarisch, Italienisch und Französisch durcheinander gesungen, je nach den Erfordernissen der Gäste. Mahler verpflichtete eigens einen ungarischen Sprachmeister und Regieassistenten, namens Ujhàzy, der seine, des Direktors Weisungen, den Sängern zu verdolmetschen hatte. Auch den szenischen Teil der Proben überwachte Mahler in Pest schon, und wir dürfen feststellen, dass er hier überhaupt endlich umfangreiche Gelegenheit erhielt, die Schwingen seines universellen Theatergenies zu entfalten.

Wie schnell der Künstler bei all seiner Sorgfalt arbeitete, geht daraus hervor, dass er die Aufführungen des »Rheingold« und der »Walküre« schon nach achtwöchentlicher Vorbereitung im Januar 1889 herausbringen konnte. Dabei muss man die großen Besetzungsschwierigkeiten in Betracht ziehen, sowie die mancherlei Hemmnisse, die der Umgang mit den Stockmagyaren für den eben erst nach Pest gekommenen Direktor der Oper sonst mit sich brachte. »A Rajna Kincse« (»Rheingold«) und »A Walkür« (»Die Walküre«) erzielten bei ihren ersten Aufführungen wahre Triumphe. Die suggestive Gewalt des Mahlerschen Dirigentendämons machte sich schon damals geltend; und zwar ganz besonders überwältigend gelegentlich der Aufführung des »Don Giovanni«. Johannes Brahms wohnte dieser Aufführung bei und wurde von Szene zu Szene mehr hingerissen, bis er den »Teufelskerl« Mahler im Zwischenakt umarmt und beglückwünscht hat. Schon damals stand es für Brahms fest, dass dereinst kein anderer Nachfolger Jahns und Hans Richters in Wien werden könne, als dieser junge Herrscher auf dem Dirigententhron.

In Pest ist es auch gewesen, wo Mahler seine erste Symphonie, und zwar am 20. November des Jahres 1889 in einem philharmonischen Konzert, freilich ohne nachhaltigen Erfolg, zur Erstaufführung gebracht hat.

Doch seine Haupttätigkeit musste Mahler in Pest der Oper widmen. Man vergegenwärtige sich, wie buntscheckig der stehende Spielplan der ungarischen Opernnationalbühne war, der nicht nur ungarische und italienische, sondern auch deutsche und französische Werke enthielt; der Chauvinismus war übrigens damals in Pest noch so groß, dass die deutschen Werke ausschließlich in Übersetzungen gegeben wurden. Den schwierigen Verhältnissen gegenüber ist die Selbstzucht Mahlers zu bewundern, die aus seiner glühenden Liebe zur Musik und zu seinem Dirigentenberuf entsprang, diese Selbstbeherrschung, mittels derer er in etwas über anderthalb Jahren nicht weniger als 31 Werke neu einstudiert hat, darunter Opern, die wie Bizets »Perlenfischer« oder Nicolais »Lustige Weiber« oder Aubers »Teufels Anteil« oder Marschners »Templer und Jüdin« große Anforderungen stellten. Dass unser Künstler hie und da auch dem Nationalstolz der Magyaren Konzessionen machte (etwa durch die Aufführung von Opern, wie »Georg Brankovich« von dem Stammvater der neueren ungarischen Musik, Erkel), dürfen wir ihm nicht verdenken. Umso bedauerlicher muss es uns erscheinen, wie auch hier in Pest schon allmählich das Wühlen der, in diesem Falle chauvinistischen, Clique sein Wirken untergraben hat. Mit dem Rücktritt des Mahler wohlgeneigten, loyalen Regierungskommissars Stephan von Benicky endete auch die ersprießliche Arbeit Mahlers in Pest. Was kümmerte den neuen Intendanten, den bekannten einarmigen Klaviervirtuosen und Komponisten Grafen Géza Zichy die Tatsache, dass Mahlers unermüdliche Arbeit dem Institut nicht bloß künstlerische, sondern auch finanzielle Überschüsse (man sprach von 25.000 Gulden!) eingetragen hatte? Der eitle Herr bestand darauf, seinerseits einen Teil der direktorialen Befugnisse an sich zu reißen und lähmte auf diese Weise Mahlers Tätigkeit. Ein Gustav Mahler vertrug nun einmal in seiner künstlerischen Tätigkeit keinen anderen Willen als den seinigen: darin liegt unstreitig ein tyrannischer Zug, den abzuleugnen, blindem Vorurteil gleichkäme. Aber wir haben uns stets vor Augen zu halten, dass diese Tyrannis des Mahlerschen Geistes keine Äußerung eines harten und selbstherr-

lichen Charakters, sondern lediglich der einem tiefen Muss sich entringende Ausdruck seiner Weltanschauung gewesen ist. So kam es denn sehr bald nach des Grafen Zichy Übernahme der Intendanz (die am 3. Februar 1891 erfolgt war), und zwar bereits am 14. März des gleichen Jahres zur Katastrophe: an diesem Tage legte Mahler seine so hoch dotierte Stelle ohne weiteres nieder. Die Intendanz musste ihm als Entschädigung für den Verzicht auf seine noch acht Jahre währende Anstellung eine sehr hohe Abfindungssumme zahlen, da der Vertragsbruch nicht auf seiner Seite lag. Bezeichnend für die Beliebtheit, die sich trotz aller Widerstände der temperamentvolle Operndirektor doch auch in Pest errungen hatte, ist es, dass dem scheidenden Manne von den Abonnenten der Oper ein silberner Kapellmeisterstab und eine silberne Vase mit der Inschrift »Dem genialen Künstler Gustav Mahler seine Budapester Verehrer!« überreicht wurde. Auch Graf Zichy selbst soll es später noch oft lebhaft bedauert haben, dass er einen so hochbedeutenden Opernleiter so schnell ziehen ließ …
Doch wieder stand Mahlers Schutzgeist schon wartend hinter ihm: am gleichen Tage, da er in Pest sein Amt niederlegte, erhielt er von Hofrat Pollini eine telegraphische Berufung nach Hamburg ans Stadttheater.

Am 1. April 1891 trat unser Künstler sein Hamburger Engagement an, und hier hat er – das können wir getrost behaupten – vielleicht die einzigen ruhigen Arbeitsmöglichkeiten während seines kampfdurchwühlten Lebens gefunden. Nicht als hätte es ihm auch in Hamburg an Gegnern gefehlt. Doch Mahler »konnte warten«. Mit den Worten: »Ich kann warten!« hat er ja am Hamburger Stadttheater einmal ein paar zu spät kommende Parkett-Tiger zu zähmen gewusst, als sie mitten in den Anfang der »Walküre«-Vorstellung hinein lärmend ihre Sitze aufklappten … Doch fürwahr: das Warten in des Begriffes unerbittlichstem Sinne mussten auch alle lernen, die mit Mahler arbeiteten. In Hamburg begann unter der Ära Mahler das »Unwesen der vielen Proben«; namentlich die Soloproben mit Mahler waren bei den Sängern sehr gefürchtet. Der feine, verträumte Komponist J.B. Foerster, einer von Mahlers Intimen, hat uns darüber allerlei Erbauliches erzählt.

In der rücksichtslosen Strenge gegen die Ausführenden, die auf edelster Pietät gegen das Kunstwerk beruht, ist auch die sehr enge Wesensverwandtschaft zwischen Mahler und Hans v. Bülow begründet, der ja damals als schon schwer leidender Mann in Hamburg die Konzerte der Hamburger Musikfreunde leitete. Mahler hatte in Kassel hie und da die Meininger Hofkapelle unter Bülows Leitung spielen hören und sich für den großen vorbildlichen Dirigenten begeistert; in seiner impulsiven Art hatte er das Bülow in einem seiner so charakteristisch aufrichtigen Briefe freimütig bekannt. Diese Hochachtung beruhte durchaus auf Gegenseitigkeit, und wir wissen, dass Hans v. Bülow den jungen Kapellmeister immer auf den vordersten Saalreihen Platz nehmen ließ, ja dass er oft geradezu nur für ihn dirigierte, ihm angesichts des Publikums Partituren namentlich schwieriger neuer Werke vom Podium aus hinunterreichte. So ergab es sich ganz von selbst, dass Mahler an Stelle des im Dezember 1892 tödlich erkrankten Hans v. Bülow das nächste Konzert der Hamburger Musikfreunde leitete. Vor seinem am 12. Februar 1893 in Kairo erfolgten Tod hatte Bülow noch auf Mahler als seinen Nachfolger hingewiesen. Gelegentlich der Gedächtnisfeier für Bülow dirigierte Mahler voll wehmütigster Ergriffenheit Sätze aus Brahms Deutschem Requiem. Während der großen Feier aber in der schönen Hamburger Michaeliskirche, als sich die Klänge der Klopfstockschen Ode »Auferstehn, ja auferstehn« emporschwangen, hat Mahler seinen eigenen

Worten gemäß die Eingebung zu dem Erlösungschor seiner zweiten Symphonie empfangen …

Während des Winters 1894/95 leitete dann Mahler noch acht Abonnementskonzerte der Hamburger Musikfreunde und führte da u.a. neben den Klassikern Werke des von ihm sehr geachteten Anton Rubinstein auf, so bei der Gedenkfeier für Rubinstein Stücke aus dem »Dämon« und Teile der »Ozeansymphonie«.

Es war für Mahler eine Art von Bedürfnis, sich von der ihn als Künstler wohl niemals ganz restlos erfüllenden Theatertätigkeit als Orchesterdirigent gleichsam zu erholen. Denn die Arbeitsleistung, die er im Theater entfaltete, grenzte auch in Hamburg wieder ans Fabelhafte. Mit Neuinszenierungen sogenannter »stehender« Opern, wie des »Freischütz« und »Tannhäuser« bewies er die Idealität seiner Auffassung vom Operndirigieren. Rein künstlerisch betrachtet zählte unser Künstler zu den leider ganz seltenen Ausnahmen unter den modernen Opernkapellmeistern, deren Interesse sich weit über das eitle Herausstellen der eigenen Dirigentenpersönlichkeit hinaus auf die Förderung der Schaffenden und des Kunstwerkes selbst erstreckte. Hier galt es für ihn kein Ansehen der Person oder Nationalität, wenn er auch, wie wir schon sahen, in seiner Weltanschauung und in seinem Gemütsleben durchaus deutsch war. So brachte er in Hamburg u.a. Tschaikowskis Oper »Eugen Onegin« zur überhaupt ersten deutschen Aufführung, und der anwesende Komponist äußerte Mahler gegenüber unverhohlen seine vollste Zufriedenheit mit der Interpretation. Nennen wir von den übrigen Erstaufführungen nur als Beispiele etwa Smetanas »Dalibor«, Alfred Bruneaus »Sturm auf die Mühle«, Franchettis »Columbus« und die so interessant gegensätzlichen Darstellungen des »Manon«-Stoffes durch Massenet und Puccini, so haben wir einen Begriff von der

Vielseitigkeit, die Mahler den Opernorganisator schon in Hamburg beseelt hat.

Sein einziger »Adjutant«, ihm wahrhaft geistesverwandt und ebenbürtig, war von der Hamburger Zeit an Bruno Walter. Kein zweiter lebender Dirigent ist daher so wahrhaft berufen, Mahlers Werk und Wirken zu vollenden, wie dieser glühend enthusiastische Künstler, der denn auch einer der ganz wenigen lebenden Kapellmeister ist, die Mahlers Symphonien immer wieder aufführten.

Der Ruf des Hamburger Stadttheaters als Opernbühne hatte sich damals bereits so weit verbreitet, dass Mahler im Sommer 1892 im Drury Lane-Theater in London deutsche Opernaufführungen leiten konnte. Unter diesen deutschen Opernaufführungen, die Direktor Harris veranstaltete, befanden sich »Tristan«, der ganze »Ring« und »Fidelio«. Während der Sommerferien der Jahre 1893 bis 1896 lebte Mahler seiner Kunst und seiner geliebten Natur und schuf in dem hochromantischen Steinach am Attersee mehrere seiner Symphonien und Vokalwerke. Man ginge jedoch unbedingt zu weit, wollte man annehmen, Mahler habe »nur« im Sommer schaffen können. Eine solcher inneren Sammlung fähige Natur wie die seinige hat sich auch inmitten der angestrengtesten laufenden Arbeit, wenn auch nur zeitweise, ganz auf das eigene Schaffen einstellen können. Die prächtige Stetigkeit des Hamburger Wirkens legte jedenfalls den Grund zu der Abgeschlossenheit seiner Persönlichkeit als Opernorganisator, und es war nur eine gerechte Bekrönung seiner bisherigen Tätigkeit, wenn im Jahre 1897 die entscheidende Wendung in seinem Leben eintrat. Mit der in diesem Jahre erfolgten Berufung an das altberühmte Institut des Wiener Hofoperntheaters haben wir den Höhepunkt im Leben unseres Künstlers erreicht.

Viertes Kapitel

An der Wiener Hofoper. Mahler als Operndirigent und Organisator. Dirigent der Wiener Philharmoniker. Die tragischen Umstände seines Scheidens aus Wien. Das Kapitel von »Mahlers Erbe«. Mahler und Weingartner.

Ähnlich wie vor der Berufung nach Pest ward Professor Guido Adler auch vor der noch viel verantwortlicheren Übertragung eines ersten Wiener Hofopernkapellmeisterpostens an Mahler von dem Intendanten Baron Bezecny um Rat gefragt. Man hegte eben an leitender Stelle die sehr begreifliche Besorgnis, Mahler sei wegen seiner überragenden künstlerischen, seiner »tragischen Gesinnung« (wie sie Hermann Bahr, der glühende Verehrer und getreue Freund unseres Meisters, treffend bezeichnet hat) nicht wienerisch genug, um sich in dieser Atmosphäre von Höflingen und Schmeichlern, von Lieblingen und schönen, aber stets ränkelustigen Frauen behaupten zu können. Dass es Gustav Mahler trotz der unerhört sich von Jahr zu Jahr steigernden, gegen ihn planmäßig ins Werk gesetzten Intrigen, trotz seiner beispiellosen Hetze von Verleumdung und Tücke nur vermöge seiner inneren Größe und Unbeugsamkeit ein volles Jahrzehnt hindurch an der Wiener Hofoper ausgehalten hat, schon diese Tatsache allein spricht für sich!

Und wie schwierig diese Verhältnisse gelagert waren, als Mahler am 1. Mai 1897 sein Amt als Kapellmeister in Wien antrat, das müssen wir genau betrachten. Die Ära des Direktors Wilhelm Jahn, in die das erste Auftreten unseres Künstlers in der Donaustadt fällt, bezeichnet den Höhepunkt wienerischer Opernbehaglichkeit. Wilhelm Jahn hat als Typus des fleißigen Opernleiters seine Verdienste; ihm kam es auf Schwung und Wirkung an; seine »Meistersinger« z.B. waren ganz übergossen von dem hellen Glanz einer bühnenmäßigen Festlichkeit, wie sie das Wiener Opernpublikum von jeher besonders liebte. Doch auch Hans Richter, der engere Kollege Mahlers, war, wie ihn Richard Specht ganz richtig nennt, »nur Orchester- und Sängermensch«; das sind ja im Grunde die meisten Durchschnitts-Opernkapellmeister, müssen es ja wohl auch bei dem geistigen Stand der meisten Bühnensänger sein. War es daher ein Wunder, wenn auch das Wiener Publikum auf diese mehr oder weniger äußerliche Auffassung der Oper eingestellt war, und wenn es daher erst einer allmählichen Bodeneroberung bedurfte, bis Mahler in Wien festen Fuß gefasst hatte?

Zwar, zuerst schien alles ganz herrlich vonstatten zu gehen: nach dem, ganz in die verzückt legendäre Vision der Dichtung emporgehobenen Vorspiel zu »Lohengrin«, brach bei der ersten von dem neuen Kapellmeister geleiteten Vorstellung in der alten Hofoper am denkwürdigen 11. Mai 1897 ein unbeschreiblicher Jubel aus. Auch die herrlich strahlenden Chorleistungen im bald folgenden »Fliegenden Holländer« lösten größtes Glück aus. Infolgedessen rückte denn Mahler auch außerordentlich schnell auf; schon am 21. Juli wurde er offiziell mit der Stellvertretung des Direktors Jahn betraut, und am 1. September bat dann Jahn selbst, wegen Krankheit enthoben zu werden. Nach einer siebzehnjährigen angestrengten Tätigkeit zwar Wilhelm Jahn naturgemäß müde geworden, so dass Mahler auch hier wieder gerade zur rechten Zeit erschien und nun mit der ganzen Arbeitsemsigkeit eines in der Blüte des Mannesalters stehenden Künstlers sein reinigendes, reformatorisches Wirken begann. Die Claque wurde abgeschafft, zu spät kommenden Besuchern wurde der Eintritt in den Zuschauerraum ohne Ausnahme bis nach Schluss des Vorspieles verboten. Namentlich die Aufführung von

»Figaros Hochzeit« im August gestaltete sich zu einem wahren Fest. Auch die gewöhnlichen Repertoireopern, wie »Tannhäuser« oder »Zar und Zimmermann« oder wie andere beliebte Werke, erfuhren unter Mahlers Zauberstab eine wunderbar echte Neuwerdung.

Sein Eifer wuchs naturgemäß mit seinem Amtsantritt als artistischer Direktor des k.k. Hofoperntheaters, der bereits am 8. Oktober immer noch des gleichen Jahres 1897 erfolgte und ihm eine Anfangsbesoldung von 24.000 Kronen Jahresgehalt einbrachte (ein Honorar, das sich später auf 36.000 Kronen erhöht hat). Nun erst war er unumschränkter Gebieter und Operngeneralissimus. Dass sich jetzt seine angeborene Herrennatur, wie von allen Fesseln einer ringenden und gärenden Jugend befreit, ungebärdig entfaltete, darf niemand entrüsten, der nicht einen genialen Künstler mit irgendeinem tüchtigen Beamten auf eine Linie stellen will. So erklären sich denn jene energischen Schritte, die man ihm wohl schon von dieser Zeit an mehr oder weniger übelgenommen hatte, erklären sich gewisse Entlassungen von »Lieblingen«, zu denen Künstler wie van Dyck und die Renard gehörten, diese Marie Renard, die erste Wiener und überhaupt erste »Manon«, die noch ganz in der romanischen Operntradition aufgewachsen war, und van Dyck, der ihr ein gleichgesinnter, aber schon damals über seine Höheperiode hinausgeschrittener Partner war. Wer, wie Verfasser, auch nur zwei Winter Zeuge von Mahlers Wirken an der Wiener Hofoper sein durfte, der zählt manche dieser Opernabende unter Mahler zu den wenigen für immer unvergesslichen Opernerlebnissen auf deutschem Boden. Es gewährt in der Tat einen ganz besonderen Genuss, rückschauend die gewaltige Steigerung in den Mahlerschen Leistungen auf dem Wiener Hofopernpodium noch einmal nachzuerleben.

Das Spieljahr 1899/1900 brachte eine Krise, im Anschluss an die Walküre-Aufführungen unter Hans Richter und Mahler. Unser Künstler hat es stets zu seinen vornehmsten Pflichten gezählt, die Werke des Bayreuther Meisters strichlos zu geben und sich damit wohl die größten und erbittertsten Feinde in Wien zugezogen, und zwar nicht nur unter den Sängern und Orchestermitgliedern, sondern auch vor allem beim großen Publikum. Mag sein, dass er bei diesen Reformen hie und da zu weit gegangen ist; im Großen und Ganzen verlangt aber nun einmal das Wagnersche Drama die restlose Ausmalung des Gedanklich-Symbolischen in Tönen.

Seit dem Winter des Jahres 1898 stand Mahler auch drei Winter hindurch an der Spitze der Wiener Philharmoniker und leitete die berühmten Sonntagskonzerte dieses Meisterorchesters. Die Konzerte des Wiener Hofopernorchesters gehören ja zu den unantastbaren Gütern des musikalischen Wien. Wen dieses »erste Orchester der Welt«, wie es – und nicht mit Unrecht! – nicht bloß in Wien genannt wird, als seinen Leiter erwählt, der übernimmt gleichsam stillschweigend die Verpflichtung, sich der Tradition einzuordnen, die mit dieser Institution verbunden ist. Es bedarf für den Leser wohl kaum mehr der Feststellung, dass ein Gustav Mahler nicht der Mann war, der sich da ohne weiteres in die Konvention fügte. Er hatte auch als Dirigent absoluter Musik die selbstherrliche Auffassung des Autodidakten und des schöpferischen Künstlers. Er war kein altwienerisch behaglicher Sonntagsdirigent, sondern dieser Himmelsstürmer k o n n t e eben nicht anders, als seine bis ins Kleinste die Klassiker nervenmäßig erfühlende Auffassung in die Tat umsetzen. Wer den kleinen, unbeschreiblich beweglichen Mann je auf dem Dirigentenpodium gesehen und seine Fieberarbeit miterlebt hat, der muss sich bewundernd beugen auch vor seinen Seltsamkeiten.

Andererseits dürfen wir es einem so in Klassizismus, so gleichsam in klassischer Reinkultur erzogenen Musikpublikum wie demjenigen Wiens und auch den dortigen Kritikern nicht allzusehr verübeln, wenn sich mancher ebenfalls nicht ohne weiteres mit jenen Neuschöpfungen Mahlers zu befreunden vermochte. Muss doch z.B. seine Uminstrumentierung der Neunten Symphonie Beethovens fast als eine, wenn auch höchst pietätvolle, Neubearbeitung des unsterblichen Meisterwerkes bezeichnet werden. Mahler entschloss sich damals, seiner sonstigen Gewohnheit entgegen, im Programmbuch einige Aufklärungen über seine »Uminstrumentierung« zu geben. Er wies auf Beethovens Taubheit in der Zeit der Entstehung des Werkes sowie auf die Beschaffenheit der damaligen Blechinstrumente hin, die gewisse Tonfolgen geradezu ausschlossen; auch auf den Aufsatz Richard Wagners über den Vortrag der Neunten berief er sich und suchte dadurch seine instrumentalen Verstärkungen zu rechtfertigen. Diese beschränkten sich auf eine teilweise Verdoppelung der Holzbläser, auf die Verwendung eines dritten und vierten Hörnerpaares, im Schlusssatz auf die Verwendung einer dritten und vierten Trompete. Nur Verdeutlichung der Absichten Beethovens wollte Mahler anstreben. Er ging von der musikalisch gewiss unanfechtbaren Ansicht aus, dass eine Verdoppelung der Streicher eben notwendigerweise auch eine Vervielfältigung der Bläser im Gefolge haben müsse. In der Wiener Presse wurde diese ganze Frage zur »Affäre« aufgebauscht, es war sozusagen der erste Strick, den Mahlers Gegner dem »allzu Selbstherrlichen« aus dieser angeblichen Pietätlosigkeit zu drehen suchten. Doch auch diese Gegner konnten die großen moralisch-künstlerischen Erfolge nicht aus der Welt schaffen, die Mahler als Dirigent der Philharmoniker in der Propaganda namentlich für sein Vorbild Anton Bruck-

ner entfaltet hat. So setzte er u.a. die ersten Wiener Aufführungen von dessen 5. und 6. Symphonie durch. Dass
er auch als Orchesterleiter den Vorwurf der Einseitigkeit
ebenso wenig zu befürchten hatte, wie den der Reklame für
seine eigenen Werke, beweisen die Programme, in denen
die Namen Berlioz und Rameau neben denen Webers
(»Euryanthe«-Ouvertüre sein Meisterstück!) und a u c h
sein eigener, nicht fehlten. So machte gelegentlich des sog.
Nicolai-Konzertes, das alljährlich die philharmonischen
Konzerte beschließt, im Jahre 1899 seine große 2. Symphonie in C-Moll einen großen Eindruck. Auch seine erste
Symphonie führte er, im Jahre 1900, mit dem Hofopern-
orchester auf.

Anlässlich der Weltausstellung in Paris veranstaltete
Mahler dort im gleichen Jahre fünf Konzerte, die allerdings
mit einem Defizit endeten. Es wurde zwar von einem Mäzen
vollständig gedeckt, doch vielleicht damit im Zusammenhange stehend, vor allem aber aus der unerhörten Arbeit
erklärlich, die Mahler den Orchestermitgliedern zumutete,
ist die wachsende Auflehnung, die sich in der Philharmoni-
kerrepublik gegen den »Diktator« verbreitete, bis es dann
schließlich dazu kam, dass Mahler den Dirigentenstab
niederlegte. Dass jedoch die Philharmoniker, zum Glück
noch zu Mahlers Lebzeiten, später ihr Versehen sehr bald
bitter bereut haben, geht daraus hervor, dass sie später, z.B.
im Jahre 1905 in einem von Mahler geleiteten Konzert der
Gesellschaft der Musikfreunde seine 5. Symphonie und im
Jahre 1906, gleichfalls unter ihm, seine 6. spielten, bis er
dann im Jahre 1907 mit einer Aufführung seiner großen 2.
Symphonie von dem Orchester und von Wien Abschied
genommen hat.

Das Jahr der Jahrhundertwende 1900 war auch insofern
für Mahlers Tätigkeit an der Hofoper entscheidend, als am
2. März Hans Richter zurücktrat, um in England eine Stel-

lung anzunehmen, bei der er die peinliche Unterordnung unter einen jüngeren Amtskollegen nicht zu befürchten hatte. Mahler fühlte sich nun erst als Alleinherrscher; jetzt konnte er sich ganz und gar auf die Opernleitung konzentrieren und seine längst gehegten Pläne völlig verwirklichen.

Zu diesen innersten Wünschen Mahlers gehörte die Reinhaltung der Bühne von allen außerkünstlerischen Einflüssen. In das Jahr 1900 fallen die schon gestreiften Entlassungen gewisser Lieblinge des Publikums. Dafür kamen andere Künstler an die Hofoper, unter denen Frau Gutheil-Schoder an erster Stelle zu nennen ist. Frau Gutheil-Schoder kam aus Weimar; sie war weder hervorragend schön noch verfügte sie über die berühmte »Bombenstimme«: dafür war sie »nur« Künstlerin. Ihr allein hat Mahler gestattet, sich von ihm abgewendet, ungezwungen auf der Bühne zu ergehen, weil er ihres stets wachen Kunstgewissens sicher war.

Wenn wir aus der langen Reihe der Neueinstudierungen und Neuheiten unter der Ära Mahler hier eine Blütenlese geben, so müssen wir uns auf Stichproben beschränken. Das wundervoll stetige Streben unseres Dirigentenkünstlers, aus jeder Oper nicht etwa nur das Musikalisch-Stilgemäße, sondern mehr noch das Geistige, ja darüber hinaus das Symbolische herauszukristallisieren, brachte immer völlige Neuschöpfungen zutage. Hier galt ihm Spieloper, selbst Operette (etwa die klassische »Fledermaus«) ganz gleichwertig mit einem großen Drama.

Doch auch neuen Werken wendete der impulsive Künstler sein Augenmerk zu, und zwar ging er hierbei mit einer gerade bei einem Schaffenden nur ganz selten zu findenden Selbstentäußerung liebevollst auf die leisesten Winke der Partitur und des Textbuches ein. Mahler durfte es wagen, in Wien die seit dem Ringtheaterbrand nicht mehr gehörte Offenbachsche Oper »Hoffmanns Erzählungen« wieder aufzuführen. Besonders lebhaft setzte er sich für den Komponisten Alexander v. Zemlinsky ein, dessen »Traumgörg« er gab. Auch seines intimen Freundes Richard Strauß Oper »Feuersnot« brachte er mit hinreißenden Humor auf die Bühne, desgleichen Rezniceks köstliche »Donna Diana«. Aus den romanischen Meisterwerken eines Verdi oder Meyerbeer holte er immer den durch ihn gleichsam geadelten Grundzug ihres Wesens herauf.

Die Bekrönung seines Operntraumes aber konnte unserem Künstler erst die Verbindung mit dem Maler Alfred Roller gewähren. Es wird das geschichtliche Verdienst Gustav Mahlers bleiben, den Sehnsuchtsgedanken Richard Wagners und all seiner reformatorischen Ahnen, das Gesamtkunstwerk der Oper lebendig werden zu sehen, nach Menschenmöglichkeit verwirklicht zu haben. Nicht seine Schuld fürwahr ist es, wenn die hohen Ziele, die sich Gustav Mahler und Alfred Roller damals in den Jahren 1901 bis 1907 in ihren Inszenierungswundertaten gesteckt hatten, seit Mahlers Heimgang den deutschen Opernleitern wenigstens im allgemeinen immer ferner gerückt sind. Vielleicht lassen sich eben solche endgültigen Opernerlebnisse im Rahmen eines ständigen Opernhauses einfach deswegen nicht auf die Dauer durchführen, weil das Durchschnittspublikum nur ganz selten festlich hochgestimmt, desto häufiger aber amüsementgierig »in die Oper« geht, um den oder jenen Star zu hören, während da zwei gleichgestimmte geniale Künstlerfreunde wahre Bühnenwunder geschaffen haben.

Mahler hatte Roller im Hause des Malers Karl Moll kennengelernt, mit dessen Stieftochter Alma Maria (der Tochter des Landschaftsmalers Schindler) er sich am 10. März 1902 vermählt hat. Es war eine geradezu ideale Ehe, die der auf des Lebens und Schaffens Höhe stehende Mann, der zeitlebens von einer geradezu fanatischen, aus tiefstem mythischen Welterkennen entquollenen Keuschheit war, mit der ihn völlig verstehenden und erfassenden Frau geführt hat. Zwei Kinder, die am 3. November 1902 und bereits am 5. Juli 1907 wieder gestorbene Maria Anna und die am 15. Juni 1904 geborene Anna Justina, sind aus dieser Verbindung hervorgegangen.

Es ist vielleicht, gerade im Zusammenhange mit Mahlers Mystizismus, an dieser Stelle am Platze, auf die wenn auch noch so heikle Rassenfrage in Bezug auf Mahler noch einmal ohne Vorurteil einzugehen. Gegen keinen modernen Künstler hat sich der fanatische Rassenhass so zügellos entfaltet, wie gegen Mahler. Und doch ist unser Künstler gerade eine der nicht seltenen Erscheinungen unter den heutigen Nichtariern, die sich aus tiefster Empörung gegen gewisse Auswüchse des kapitalistisch verwucherten modernen Lebens frühzeitig zu einem gerade deswegen so fanatischen Pantheismus bekehrt haben. So ist, wie wir schon streiften, Mahler zwei Jahre vor seinem Amtsantritt in Wien Katholik geworden, so dass sich also der Hass einer gewissen Partei im Rathause nur gegen seine Abstammung richten konnte. Als Mahler bemerkte, dass seine Stellung als Leiter der Philharmonischen Konzerte erschüttert war, hatte er nichts Eiligeres zu tun, als – den Pensionsfonds des Orchesters zu erhöhen! Wo ist hier »niedrige Rachsucht« zu finden? Wir wissen, dass unser Künstler noch auf dem Sterbebett aufs Tiefste bereut hat, im ersten Aufwallen seines überschäumenden Temperamentes wohl nicht selten einmal jemand unabsichtlich wehgetan zu haben, wo er doch nur um der Sache willen zu aufrichtig werden m u s s t e . Aus dieser tragischen Aufrichtigkeit seines Wesens erklärt sich der Übereifer in seiner Wiener Hofoperntätigkeit, erklären sich die zahllosen Proben, die mehrfachen Besetzungen, erklären sich aber dann ebenso leicht die tiefen, bleibenden Erlebnisse seiner Wagner-, Mozart-, Beethoven- und Gluck-Inszenierungen.

Dr. Hagemann, der geistvolle Regiekünstler und Schriftsteller, hat in seinem bekannten Aufsatz »Der Fall Mahler als Kulturtragödie« (enthalten in der mehrfach erwähnten Widmungsbiografie Mahlers von P. Stefan) darauf hingewiesen, dass es falsch sei, sich bei den Bayreuther Inszenierungen als endgültigen Lösungen der Wagnerschen Regievorschriften zu bescheiden. Wagner fand nicht immer die Erfüllung des musikalischen Stiles seiner Werke; er musste seine Musikdramen mit den d e r z e i t ü b l i c h e n Mitteln in Szene setzen. »Über Bayreuth ist durch Mahler hinausgeschritten worden«.

In den Tristan-Aufführungen der Opernhäuser vermissen wir häufig jene latente Musik (Oskar Bie nennt sie treffend »Lichtmusik«), die aus Mahler-Rollers Tristan-Inszenierung hervorklang. Diese Verherrlichung höchster Ekstase verlangt, zumal in dem so stark auf Schauplatz und Stimmungssituation eingestellten ersten und zweiten Aufzug, gebieterisch eine ritterlich-mystische Inszenierung; die trafen die beiden Gleichgestimmten und Gleichgesinnten in endgültiger Weise. Wenn Farben Klänge und selbst Klangerinnerungen in uns erzeugen können, so hat das fahle Orange der Kulissen und Kostüme, in dem der erste Aufzug des »Tristan« erschimmerte, solche bleibenden Erinnerungsbilder in uns zurückgelassen. Im zweiten Aufzug brachte die schwüle Sinnlichkeit der Nacht von selbst ein gedämpftes Blaulila mit sich, bis dann im dritten das fahle Morgenrot die Todeserlösung versinnbildlichte. In diese Farbenharmonien leuchtete nun die verzückt visionäre Gestaltung der Isolde durch Anna Mildenburg hinein, dieser herrlichen Künstlerin, die, ihren eigenen Worten nach, »das Beste Cosima Wagner und Mahler verdankt, den Mut zur Kunst, die künstlerische Zucht!«

Die Partitur gewann unter den ganz in Nerv und Ekstase aufgelösten Dirigentenerlebnissen Mahlers ein wundersam reines, gleichsam entmaterialisiertes Leben; das Schöpferweh Mahlers ging mit Flammenblitzen über in die Darsteller, und der Widerschein seines Erlebens überleuchtete die Menschen im Theater.

Nicht minder gewaltig war die Mahlersche Auffassung von Beethovens »Fidelio«. Es war sein Bestreben, den schweren Kompromiss zu beseitigen, der sich aus den Stilgrenzen dieses Meisterwerkes für gewöhnlich auf den deutschen Bühnen zu ergeben pflegte. Das Menschlich-Ewiggültige wahrhaft großer Liebe, die Verherrlichung auch den Tod nicht fürchtender Gattentreue war der Grundgedanke des Werkes; auf dessen Herausarbeitung legte er sowohl die musikalische wie die Bühneninszenierung des Ganzen an. Neuartig war die Lösung des Ouvertürenproblems durch unseren Meister. Er beseelte die Ouvertüre in E so, dass ihr nichts Luftspiel- noch Opernmäßiges mehr anhaftete. Entgegen früherem Brauche ließ er die gewaltige, »große« Leonoren-Ouvertüre vor dem Beginn des letzten Bildes spielen; auf diese Weise wurde zwar, rein theatermäßig betrachtet, die Dramatik ein wenig verzögert, doch bedachte Mahler überaus geistvoll, dass Beethoven im Grunde doch auch als Schöpfer dieser seiner einzigen Oper ein absoluter Musiker blieb, dass er also den Kern des Werkes bereits in den verschiedenen Ouvertüren und am reinsten in der »Großen« aufzeigte. Auf solche Weise vertiefte dann der Genuss dieser Beethovenschen Schilderung der Befreiungstat Leonorens den Genuss an dem ethischen Gehalt des ganzen Werkes aufs Schönste. Unbeschreiblich rührend war namentlich auch Mahlers ganz in das Tragische der Situation getauchte Auffassung des Gefangenenchores: aus einem dumpfen Mauerloch stiegen da Todgeweihte wie zu einer ungeahnten Auferstehung zum Lichte empor; das c r e s c e n d o und das wieder wie in Angst verebbende d e c r e s c e n d o, mit dem sie ihre Begrüßung des Sonnenlichtes vergeistigten, hatte in Mahlers dynamisch unnachahmlicher Nachschöpfung etwas schier Atembeklemmendes an sich.

Damals stand unser Künstler wohl auch – es war im Jahre 1904 – noch immer im Zenit seiner Wiener Beliebtheit. Beweis dafür ist u.a. seine Ernennung zum Ehrenpräsidenten einer neu begründeten »Vereinigung schaffender Tonkünstler«. Hatte doch Mahler stets die Größe seiner Gesinnung und seine Neidlosigkeit durch selbstlose Unterstützung Lebender kundgetan. Welche Opernbühne hat vor oder nach Mahler ein Werk wie Hans Pfitzners, des noch immer m e h r geachteten denn gekannten, tiefstdeutsche Märchenstiloper »Die Rose vom Liebesgarten« dreißigmal auf dem Spielplan unterzubringen vermocht?

Im Januar 1905 begann dann die Inszenierung des »Ringes«, für dessen Vorabend Roller mit Betonung des Urzeitmäßigen eine überaus anschauliche Dekoration der Tiefe des Rheines entworfen hatte. Doch erst im Jahre von Mahlers Scheiden, 1907, waren die Neuinszenierungen der »Walküre« bewilligt. Aus dieser Regietat unseres Opernorganisators glühte wieder sein genialer Wille zum Symbol hervor, etwa aus der sinnfälligen Art, wie er z.B. statt der reitenden Walküren jagende Wolkengebilde schafft, wie Hundings und Wotans Kampf nur im Schattenriss geahnt werden ...

Für alle Kenner Mozarts bezeichnete das Wiener Mozartjahr 1906 den Inbegriff der Wiederbelebung des ganzen Zeitalters. Endlich konnte Mahler den »Figaro« ganz in das Gewand des Rokoko hüllen und den Geist des Revolutionszeitalters und der zugrundeliegenden Beaumarchaisschen Dichtung wieder herstellen, indem er die Gerichtsszene aus dem Luftspiel einfügte. Es bleibt lebhaft zu beklagen, dass Mahlers dramaturgisches Walten nie wieder, oder doch nur ganz selten wieder einmal von unseren Opernleitern aufgenommen und in seinem Geiste weitergeführt worden ist.

Die »Zauberflöte« wurde von Mahler ganz in den Märchenstil erhoben. Den Höhepunkt dieses seines Mozart-Zyklus aber, in dem auch »C o s i   f a n   t u t t e « nicht fehlte, bezeichnete »Don Giovanni«. In langen Beratungen mit Freund Roller hat er für den häufigen Wechsel des Schauplatzes die rechte Lösung gefunden, indem er auf alles Prunkende, betont Spanische verzichtete und eine kulissenlose Bühne schuf. Das Dämonische der Gestalt Don Giovannis spiegelte sich in dem düsteren Farbenrausch wider, in den Roller die tragisch-symbolische Übersinnlichkeit des Stoffes hüllte.

Nicht zu vergessen ist die mehr aufs Musikalische gerichtete Wiedergabe der »Entführung aus dem Serail«. Wie schnell die Mahlerschen Inszenierungen vorbildlich wurden, ist daraus zu ersehen, dass »Figaros Hochzeit« in der Bühnengestaltung der Wiener Hofoper beim Salzburger Mozartfest im Jahre 1906 zur Verwendung kam, so dass sich da sogar die Meisterin Lilli Lehmann, die sonst nicht leicht von ihren in Jahrzehnte langen Erfahrungen gesammelten Mozart-Anschauungen abzubringen war, sich vor Mahlers instinktiv das Rechte treffender Genialität gebeugt hat.

In der Spielzeit 1906/07 bildete Hermann Goetz' immer noch zu wenig beachtete Spieloper »Der Widerspenstigen Zähmung« einen Hauptanziehungspunkt. Sein intimer Freund Décsey hat es uns erzählt, wie gern Mahler in dem altertümlichen Graz weilte, und wie er da einmal, schon nach der Inszenierung der Goetzschen Oper aufs Lebhafteste bedauerte, nicht diese alte Renaissancestadt zum Schauplatz seiner Inszenierung gewählt zu haben. Es ist daraus zu ersehen, wie völlig unser Meister auch noch nachträglich in seinen Aufgaben aufging.

Doch e i n e Neueinstudierung hatte sich Mahler noch aufgehoben; es sollte eine Art von Gebetsausklang seiner hohepriesterlichen Sendung als Opernwiedererwecker bedeuten: die Neubelebung der Gluckschen »Iphigenie in Aulis« Seit dem Jahre 1894 war die Glucksche Meisteroper in Wien nicht mehr gegeben worden. Mahler fühlte, dass nur ein völliges Aufgehen in der Antike auch die Gluckschen Musiklinien in den einzige sinngemäßen strengen Stil rücken könne: so wusste er Roller zu bestimmen, das Szenenbild der Aufführung wie eine Kopie eines antiken Vasen-Basreliefs zu gestalten; die Tänze fügten sich diesem Reigenschritt der hellenischen Antike so zart an, dass eine unüberbietbare Stilreinheit zutage trat. Das war Gustav Mahlers letzte künstlerische Tat an der Wiener Hofoper.

Laut allerhöchster Entschließung vom 5. Oktober 1907 erfolgte der Rücktritt unseres Künstlers an diesem Tage, und am 15. Oktober dirigierte er zum unwiderruflich letzten Male in der Hofoper, und zwar »Fidelio«. Mahler pflegte es mit einem in diesem Fall berechtigten Stolz immer wieder zu betonen, dass er freiwillig gegangen sei, und er wollte die ihm tödlich verhassten hysterischen Abschiedsdemonstrationen des großen Publikums als Abschluss der gegen ihn inszenierten Hetze vermeiden. Guido Adler hat in seiner biografischen Broschüre über diese tragische Periode im Leben unseres Tondichters die nicht uninteressante Aufklärung gegeben, man sei damals von Seiten der »Gesellschaft der Musikfreunde« an ihn mit dem Anerbieten herangetreten, oberster Leiter der Wiener Hochschule für Musik – sie heißt offiziell Akademie der Musik – zu werden. Mahler hätte lediglich die oberste Überwachung des Unterrichtes zu übernehmen brauchen, eine Tätigkeit, zu der in von Jugend an eine tiefe Neigung erfüllte. »Die Sache zog sich in die Länge«, schreibt Adler dazu und will die Gründe unerörtert lassen, die die Ausführung des Planes verhinderten.

Wer sich einen Begriff von der ungeheuren Arbeitsleistung Mahlers in Wien machen will, der sei noch auf die statistische Zusammenstellung verwiesen, die der Archivar der Wiener Hoftheater, Regierungsrat Weltner, im Anhange des Spechtschen Mahler-Werkes gibt. Dabei sei noch ganz besonders darauf hingewiesen, dass Mahler auch auf die brennend heiße Vorliebe der eleganten Wiener Hofopernlogeninhaber für das Ballett weiteste Rücksicht genommen hat, so verhasst im Grunde der Seele ihm, als modern empfindenden tiefernsten Menschen, diese Musik der Fußspitzen gewesen ist. Auch auf diesem Gebiete hat er eine Reihe von Neuheiten heraus zu spüren gewusst, die, wie etwa Raoul Maders Tanzpantomime »Die roten Schuhe« oder wie Nedbals musikalisch teilweise ganz köstliches Ballett »Der faule Hans« gewisse Werte in sich bergen.

Am letzten Tage, den er in seinem Wiener Direktionsbüro verbrachte, tat Mahler zweierlei: er hinterließ seine sämtlichen Auszeichnungen und Orden in seiner Schublade »seinem Nachfolger«, wie er mit Sarkasmus beischrieb. Außerdem aber richtete er folgenden Abschiedsbrief an das Personal:

»Ich habe es redlich gemeint, mein Ziel hochgesteckt, darum mein Ganzes darangesetzt, die Person der Sache, Neigungen der Pflicht untergeordnet. Im Gedränge des Kampfes, in der Hitze des Augenblickes blieben Ihnen und mir nicht Wunden, nicht Irrungen erspart. Aber, war ein Werk gelungen, die Aufgabe gelöst, so vergaßen wir alle Not und Mühe, fühlten uns alle reichlich belohnt. Haben Sie nun herzlichen Dank!«

Specht teilt mit, dass dieser am Bühneneingang der Hofoper angeschlagene Brief bereits am nächsten Tage von unbekannter Hand in Fetzen gerissen worden sei.

Der feige Bube, der dieses Heldenstück auszuführen wagte, war der Inbegriff all der hämischen Niedrigkeit, die sich tückisch an die Sohlen eines Großen zu heften pflegt, die sein Andenken begeistert, die aber auch seinem Nachfolger das Amt im Anfang zu einer wahren Höllenqual zu machen weiß.

Felix von Weingartner, der Mahlers Erbe anzutreten hatte, weiß von diesen unerhörten Schmähungen von Seiten einer mit sich selbst uneins gewordenen Öffentlichkeit ein Liedlein zu singen. Auf Grund einer Unterredung mit ihm stelle ich diese, leider auch von dem sonst so ruhig und sachlich abwägenden Paul Stefan, wie auch von Guido Adler etwas parteiisch betrachteten Tatsachen richtig. Denn ich halte es für meine Pflicht, die Persönlichkeit eines hochbedeutenden Künstlers wie Weingartner endlich von den höchst ungerechten Angriffen zu befreien, die auch auf Mahler selbst einen Schatten werfen und deshalb widerlegt werden müssen.

In der Einleitung zu seiner Fehde gegen Weingartner geht Stefan von folgender nur allzu richtiger Tatsache aus: »Unsere öffentliche Kunstübung«, so stellt er fest, »ist entweder dem gleichgültigen Trott höfisch-staatlicher Ämter oder dem Amerikanismus des privaten Geschäftes überantwortet.« Keiner hat, so setzen wir hinzu, dieses Dilemma besser erkannt als Gustav Mahler selbst, der vielleicht im Grunde gar nicht so »weltblind« gewesen ist, sondern der es eben nur als seine Mission erkannt hat, den gewissermaßen erstletzten Versuch zu wagen, mit den stattlichen Hilfsmitteln einer großen Hofopernbühne auch große, endgültige Leistungen zu bieten. »Ich scheide von der Hofoper«, so hatte sich Mahler im Jahre 1906 zu Bernhard Scharlitt geäußert, »denn ich bin zu der Überzeugung gelangt, dass die ständige Opernbühne eine unseren modernen Kunstprinzipien geradezu wiedersprechende Einrichtung bedeutet ... Ich will zu einem Zeitpunkt scheiden, wo ich erwarten darf, dass die Wiener das, was ich geleistet, noch in späteren Tagen zu schätzen wissen.« So weit Mahler. Spricht aus solchen, klar durchdachten Worten ein Weltblinder? Oder nicht vielmehr im Gegenteil ein Weiser, der voll wehmütiger Welterkenntnis den rechten Zeitpunkt für sein Scheiden erkannt hat?

Wir folgen bei der Beurteilung einer Opernaufführung und seiner Organisatoren zumeist viel zu einseitig unserem rein künstlerischen Standpunkt, ohne die Hemmnisse zu kennen, die oft noch in allerletzter Stunde sich der Durchführung der von dem Opernleiter unternommenen und – das ist das Wichtige! – von ihm selbst als richtig erkannten Regie in den Weg stellen. So ging denn auch die Majorität der Wiener Kritik recht einseitig vor, als sie die Weingartnersche »Fidelio«-Neueinstudierung direkt eine »herostratische Vernichtung des Mahlerschen Werkes« zu nennen wagte. Weingartner hält diesen Vorwürfen entgegen, ob es denn für einen reifen Künstler nicht geradezu selbstredend sei, dass er sich seine eigene Beethoven-Weltanschauung gebildet habe? Die Kritik wütete z.B. darüber, dass er die zweite Leonoren-Ouvertüre statt der von Mahler genommenen in E als Vorspiel gewählt, und dass er die dritte, sogenannte große Leonoren-Ouvertüre, die Mahler als Zwischenaktsmusik vor die letzte Verwandlung gesetzt hatte, wieder fallengelassen habe. Hierzu äußerte sich mir gegenüber Weingartner, dass in Wahrheit diese Einschiebung der großen Ouvertüre nicht l e d i g l i c h aus künstlerischen Gründen von Mahler eingeführt worden sei, sondern auch deswegen, weil während dieser Zeit die sehr langwierige Verwandlung zu der zwar sehr schönen, aber komplizierten Rollerschen Dekoration des letzten Bildes auf der Bühne vollzogen werden musste.

Dass Weingartner nicht blind gegen das vorging, was Mahler geschaffen hatte, offenbarte er am besten dadurch, dass er gerade diese Rollersche Dekoration später wieder einführte, ohne dass es nötig war, zu dem Zweck die Große Leonoren-Ouvertüre zu spielen. Durch einen geradezu raffiniert ausgedachten Arbeitsmechanismus während der Fortestellen, aber dem Publikum unhörbar, wurde die Verwandlung schon im Laufe der Kerkerszene so vorbereitet, dass sich der Vorhang nur während einer halben Minute zu schließen brauchte, die von Beethoven vorgeschriebene Verwandlungsmusik somit ausreichte. Freilich wurde nur mehr gegen Weingartner der Vorwurf schwächlicher Nachgiebigkeit erhoben. Er konnte eben tun, was er wollte, er bekam Unrecht. Sehr energisch setzt sich Weingartner auch gegen den Vorwurf zur Wehr, er habe nicht genügend Novitäten aufgeführt; in einer einzigen Spielzeit sind es einmal nicht weniger als zwölf Neuheiten gewesen, wobei natürlich vollständige Neueinstudierungen wie diejenige von »Zar und Zimmermann« mit eingerechnet sind.

Das Urteil der Folgezeit hat inzwischen die Entstellungen und Verkleinerungen am allerbesten berichtigt. Dass z.B. der »strichlose« Wagner, wie ihn unser Künstler durchgeführt hat, sich allmählich zu überleben beginnt, das ist heute auch denjenigen klar geworden, die seinerzeit Felix Weingartner für seinen diesbezüglichen weit vorausschauenden Versuch so heftig angegriffen haben. Wenn wir schließlich auf Stefans Vorwurf kurz zurückkommen, dass unter Weingartner ein Hinneigen zu romanischen Opernliteratur Mahlers deutsche Weltanschauung über den Haufen geworfen habe, so liegt diesem, leider auch sonst sehr viel verbreiteten Irrtum die vollkommene Verkennung des ganzen Wesens der Oper zugrunde. Auch die durch den grausamen Weltkrieg sich ergebende Isolierung Deutschlands von den romanischen Ländern wird an der unverrückbaren, geschichtlich bedingten Tatsache nichts ändern können, dass die Wiege der Oper nun einmal in Italien stand und dass wir immer wieder zu dieser unversieglichen Quelle zurückkehren müssen, wollen wir überhaupt die Einrichtung der Opernhäuser in eine neue Zeit hinüberretten. Dass deswegen die Ausländerei nicht gefördert zu werden braucht, weil es nur allzu viele deutsche Opern gibt, die noch immer der planmäßigen Neubelebung harren, dies hinzuzufügen, ist der deutsche Opernfreund o h n e p o l i t i s c h e S c h e u k l a p p e n leider noch immer genötigt.

Fünftes Kapitel

Die letzten Jahre. In Amerika. Hin- und Herpendeln
zwischen Wien und Amerika. Krankheit und Tod.

Kaum war es bekannt geworden, dass Gustav Mahler von der Wiener Hofoper zu scheiden beabsichtige, als auch sogleich wieder ein Antrag an ihn herantrat. Es war fast selbstverständlich, dass nun nur noch Amerika übrigblieb. Denn damals, in den letzten Jahren vor dem großen Weltenringen, galt ja das Dollarland selbst bei einem so keuschen und unamerikanistischen Geiste wie Mahler, in einem gewissen Sinne noch als das gelobte Land. Für ihn, der sich ganze Jahrzehnte seines arbeitsdurchpulsten Lebens hindurch in Wahrheit aufgerieben hatte, ohne doch ganz seiner schöpferischen Arbeit leben und ohne vor allem seiner Familie ein völlig sorgenfreies Leben nach seinem Tode sichern zu können, – – für ihn war der Lockruf des Direktors Conried in New York sehr verführerisch. Conried – übrigens ein gebürtiger Wiener – hatte ihm den Antrag gestellt, mehrere Jahre hindurch, in jedem Jahre jedoch nur für einige Monate, Opern zu leiten.

Am 9. Dezember 1907 trat unser Meister seine erste Überfahrt über das große Wasser an; er dirigierte dann in New York an der Metropolitan Opera im Winter 1907/08 Opern von Mozart und Wagner, unter dem gewohnten Riesenbeifall der maßgebenden Musikkreise. Im geheimen hatte Mahler doch stets Sehnsucht nach der alten Heimat und freute sich auf die Sommer, die er nach wie vor in seiner heißgeliebten Gebirgsnatur verbringen durfte. So sehen wir ihn denn in den Sommermonaten der Jahre 1908, 1909 und 1910 in Alt-Schluderbach bei Toblach mit seinen Kompositionen eifrig und ohne jegliches Nachlassen der Kraft beschäftigt; und doch muss er schon damals, im Jahre 1908, eine dunkle Vorahnung von seinem baldigen Heimgang gehabt haben; wie wäre sonst die holde Abschiedswehmut seines »Liedes von der Erde« zu erklären, das er im Sommer 1908 vollendet hat?

Erst im Spätherbst des Jahres 1908 ging er wieder nach Amerika zurück. Hier hatte sich das Ansehen unseres Künstlers bereits so gefestigt, dass eigens für ihn eine »Philharmonic Society« gegründet wurde. So hatte nun Mahler wieder ein eigenes Orchester zur Verfügung, mit dem er eine stattliche Reihe von Konzerten gab. Nicht etwa seine eigene Person und Sache stellte er hier in den Vordergrund, sondern er sonnte sich gleichsam im Genuss der Wiedergabe »seiner« Klassiker, Beethoven, Mozart usw. ... Doch nicht lange währte dieses ungetrübte Glück. Mahler war ja nicht ungestraft zeit seines Lebens zwar kein Weltblinder, aber doch ein Fremder in jener großen Welt des Salons geblieben, in denen über Sein und Nichtsein der künstlerischen Existenzen (leider wohl auch nach dem

Kriege) entschieden wird. Er hasst jene verlogen liebenswürdigen Fünfuhr-Tees, zu denen er Tag für Tag eingeladen wurde, er wollte nicht der »Tagesheld« werden.

Es trat dann noch ein anderes Element hinzu, das ihm den Aufenthalt in Amerika und den Verkehr mit dem Orchester allmählich verleiden mochte. In diesem Orchester herrschte die echt amerikanische Gewerkschaftspolitik, die den Musikern eine gewisse Übermacht über den Dirigenten in allen Verwaltungsfragen verleiht. So wurde eines Tages ohne Mahlers Wissen ein Geiger entlassen, dann allerdings wieder angestellt; Mahler aber hatte sich darüber sehr geärgert, und sein altes Herzleiden, das ihn schon in früheren Jahren zur Vorsicht hätte mahnen sollen, meldete sich ungestüm an. Doch »Krankheit ist Talentlosigkeit!«, lautete einer von den Kernsprüchen unseres Meisters, und so sah das Jahr 1909 den Rastlosen noch immer kompositorisch tätig; er vollendete die »Neunte Symphonie«. Mit dem naiv kindlichen Aberglauben, der unseren Meister wie so viele Künstler beseelt hat, glaubte er an die mystischen Zusammenhänge im Weltgeschehen; er dachte daran, dass Beethoven, dass Bruckner und Schubert nach Vollendung der Neunten Symphonie die Feder für immer hatten niederlegen müssen, und er suchte das Geschick zu überlisten, indem er vor der »Neunten« das »Lied von der Erde« schuf, so dass die Neunte also in Wahrheit seine zehnte symphonische Arbeit wurde.

Doch der Tod hatte kein Verständnis für den geistvollen Sarkasmus unseres Künstlers: zwar gestattete er ihm noch, in der Winterspielzeit 1910/11 in Amerika von den vereinbarten 65 Konzerten 48 zu leiten. Am 22. Februar 1911 dirigierte er zum letzten Male, schon fieberkrank. Dann aber musste er aufhören; sein Freund Theodor Spiering nahm ihm den Dirigentenstab für den Rest der Saison aus den noch immer nicht müden Händen.

Hoffnungslos war freilich Mahlers Zustand von Anfang an. Zu allem anderen war schon seit dem Sommer 1910 eine Angina getreten, die der Künstler aber nicht sehr ernst genommen hatte. In Amerika muss er sich – es ist, soweit ich sehe, nicht festgestellt, bei welchem Anlass – den Keim zu einer Blutvergiftung durch Bakterien (sog. Streptokokken) zugezogen haben, die nun mit schleichender Heimlichkeit in seinem bisher so widerstandsfähigen Körper wühlten und fraßen.

Auf Mahlers Wunsch wurde die Überfahrt nach Europa angetreten; rührend zu beobachten ist es, wie man in Wien die Stadien seiner Krankheit in der Presse fast Stunde für Stunde verfolgte. Damals war gerade der Papst schwer krank; aber die Bulletins über den Gesundheitszustand des Heiligen Vaters nahmen in den Wiener Zeitungen fast weniger Raum ein als die Nachrichten über den Verlauf der Krankheit Mahlers. Paul Stefan hat uns die Einzelheiten der Heilungsversuche, seine Behandlung mit Serum durch Professor Chantemesse in Paris, seine Überführung aus dem Sanatorium des Dr. Défaut in Neuilly nach Wien ausführlich geschildert. Der Kobold »Zufall« hat bis zu den letzten Tagen unseres Künstlers die Hand im Spiele gehabt. Während der Überführung des Kranken zum Pariser Bahnhof ging gerader der Empfang des Präsidenten der Republik vor sich, der unter militärischem Gepränge – er war eben von einer Reise zurückgekehrt – eingeholt wurde. So hat also auch den todgeweihten Musiker noch einmal der Klang der Militärmusik umspielt, die einst dem Knaben die ersten Musikeindrücke tief in die Seele gegraben hatte ... Am 13. Mai 1911 ist der hoffnungslos kranke Künstler in Wien eingetroffen. Nur noch wenige Tage verklärte die Freude über die unverminderte Anhänglichkeit der Wiener Freunde seine Leiden. Noch ein letztes Mal umarmte er – am 18. Mai – die Seinen, (sein Schwager und getreuer Freund, der

Maler Moll, pflegte ihn neben der Gattin am allertreuesten, auch von seiner kleinen Tochter Anna Justina hatte er noch Abschied nehmen können) und nachts um 11 Uhr machte dann eine hinzugetretene akute Lungenentzündung seinem arbeitsreichen Leben ein jähes und vorzeitiges Ende.

Dass dieses Leben vor der Zeit geendet hat, wenn es sich auch schöpferisch in einer ganz seltenen Weise erfüllen durfte, das ersah man aus der tiefen und ehrlichen Trauerkundgebung bei der Bestattung. Als Begräbnisstätte hatte sich der Künstler und Freund der Natur einen ganz weltfernen, in die Wiener Waldhänge eingebetteten Friedhof in Grinzing ausgesucht. Unter heftigem Regenschauer wurde Mahlers sterbliche Hülle zum Friedhof überführt, doch gerade in dem Augenblick, da man den Sarg in die Grube senkte, erschien am Himmel ein Regenbogen, und eine Lerche stieg jubilierend zum Himmel empor – war es nicht, als fliege Mahlers Seele selig zu Gott?

Zweiter Teil

MAHLERS WERKE

Erstes Kapitel

Einleitendes. Jugendkompositionen. Das klagende Lied.
Bearbeitung von Webers »Drei Pintos«.

Aus dem Lebenslauf unseres Künstlers spricht ein seltsam
zeitloses Wesen. So erklärt sich auch die gewisse Unrast
fast aller seiner Biografen. Es fehlen uns eigentlich die
feststehenden Entwicklungszentren, wie sie das Leben
anderer Künstler so durchsichtig gestalten. Mahler wollte
sein Schaffen erst von jener Zeit datiert wissen, als sein
Wesen künstlerisch festzustehen begann. So verstehen
wir es denn auch, woher er die Selbstkritik genommen
hat, seine Jugendarbeiten, bis auf verschwindende Ausnahmen, zu vernichten. Dass etwas von Urmusikbega-
bung von frühester Jugend an in ihm rege gewesen ist, das
zeigte uns ja schon der ausgezeichnete Erfolg seiner Preis-
arbeit für das Wiener Konservatorium, jenes Scherzos aus
einem Klavierquintett, das er, als hämische Kameraden das
Manuskript zerrissen, über Nacht neu geschrieben haben
soll. Auch von einer formell sehr gut durchgeführten Vio-
linsonate berichtet sein Biograf Paul Stefan. Doch weder
von dieser Sonate wissen wir Genaueres noch von all den
anderen Werken, der »Nordischen Symphonie«, der Oper
»Die Argonauten«, die von ihm selbst in Stabreimen (wie

wäre es damals anders möglich gewesen?) gedichtet und zum Teil komponiert wurde. Besonders gerühmt wird von den Kennern eine Märchenoper »Rübezahl« aus dem Jahre 1882. Es soll sich schon in diesem übrigens unvollendeten Werke des Zweiundzwanzigjährigen etwas von fantastischem Humor (besonders in einem humoristischen Aufzug von Freiern) bemerkbar gemacht haben. Ferner erwähnt Adler noch eine Oper »Herzog Ernst von Schwaben« und stellt fest, dass auch in dieser Zeit schon die Hinneigung Mahlers zur Lyrik manch anmutige, wenn auch noch stark an Schumann anklingende Gabe (»Frühlingsmorgen« betitelte sich eines dieser Lieder) gezeitigt habe. Von all diesen Arbeiten, diesen Jugendsünden (unter die wohl auch die Musik zu lebenden Bildern nach Scheffels »Trompeter von Sättlingen« zu rechnen ist, die er in der Kasseler Zeit in zwei Tagen skizziert hat) wollte Mahler später nichts mehr wissen. Ja, es scheint fast, als habe er auch Werke wie das »Klagende Lied« und die Bearbeitung der K.M. von Weberschen Oper »Die drei Pintos« am liebsten gleichfalls dem Feuer der Vernichtung preisgeben wollen.

Mahler hat im Jahre 1878, als er die Dichtung des »Klagenden Liedes« nach Art der deutschen Volkssagen und in Anlehnung an den Stil von »Des Knaben Wunderhorn« entwarf, daran gedacht, ein Märchenspiel daraus zu machen, hat aber diesen Plan später, als er die Komposition – 1880 – vollendete, wieder davon Abstand genommen. Und doch ist das »Klagende Lied«, so wie es uns heute in seiner erst in Hamburg entstandenen, endgültigen, gekürzten und zusammengezogenen Fassung vorliegt, ein seltsam Mittelding zwischen Kantate, Chorlied und Orchesterdichtung geworden. Dass Mahler die Arbeit auch in seiner reifen Zeit nochmals, und zwar im Jahre 1898, einer besonders den instrumentalen Teil berührenden Umarbeitung unterzogen und einer von ihm selbst geleiteten Neuaufführung – im Jahre 1901 mit der Wiener Singakademie – für wert gehalten hat, beweist, dass er sich darüber klar war, wie wichtig dieser sein eigentlicher symphonischer Erstling für die Kenntnis seines Gesamtschaffens ist. Enthält doch das Werk, das wir wohl am besten als symphonische Chorkantate mit Orgelbegleitung und Soli bezeichnen, schon im Keim die Elemente, die die Eigenschaft seines Wesens ausmachen. Gedruckt und verlegt (in Josef Weinbergers Verlag, Wien) wurde die Arbeit erst im Jahre 1899.

Mahler behandelt hier, in Anlehnung an die bei den Gebrüdern Grimm mehrfach sich findende Sage von dem »Singenden Knochen« einen tragisch erotischen Stoff in geschickter Weise. In zwei Abteilungen gliedert er das Werk; in der ersten begleiten wir einen jungen Spielmann auf seiner verträumten Wanderung durch den Wald; am Wegrand sieht er ein »Knöchlein blitzen« und schnitzt sich arglos eine Pfeife daraus; doch kaum setzt er es an die Lippen, da – o Leide, o Leide! – hebt das Knöchlein von seinem traurigen Los zu singen an. »Um eines süßen Blümleins willen hat mich mein Bruder erschlagen!« Im zweiten Teil eilt der Spielmann auf das Schloss, wo der Brudermörder die Hochzeit mit jenem »zarten Blümlein« feiert; frevlerisch ergreift der Bräutigam selbst den Knochen und muss nun den Fluch des toten Bruders vernehmen; wild stiebt die Hochzeitsgesellschaft auseinander, die holde Königin aber sinkt entseelt zu Boden.

Was Wunder, wenn der jugendliche Mahler, der damals noch ganz im Bann der Romantiker Weber und Marschner stand, sich voller Leidenschaft der Legendensüße seiner Vorlage hingab? Wie kann man ihm vorwerfen, dass er den Stoff »oratorisch ausgewalkt« hat? Es zog Mahler eben schon damals das zwischen den Zeilen der Dichtung liegende gruselig Groteske, Fantastische mehr an, als das naiv Märchenhafte; und dieses gruselige Element hat er, der wilde, junge Fantast, dann unwillkürlich sogleich ins Wildüberschäumende gesteigert. Die Komposition zeigt, dass der Tondichter das Schwergewicht auf die Stimmungsmalerei durch den unendlich kompliziert geführten Chor und auf die den ganzen Mahler zeigende, freilich aus späterer Zeit flammende Instrumentation gelegt hat. Den Singstimmen weist er eine mehr konzertante Rolle zu. Die Aufgaben, die er dadurch – und durch die schon in diesem Erstlingswerk sich zeigende sehr seltsame Harmonik – den Ausführenden wie den Zuhörenden zumutet, sind sicherlich keine kleinen; der Endeindruck des Ganzen ist aber jedenfalls gewaltig. In der verklärten Einleitung sind Anklänge an Weber zu bemerken. Typisch sind schon hier die Stimmungskontraste, die jäh erfolgen, und auch in der Stimmführung zeigt sich bereits eine gewisse Eigenwilligkeit. Mit besonderer, echt romantischer Vorliebe wird das Knöchlein in seinem blitzend klappernden Gruselspiel in schauerlich gespenstischen orchestralen Farben gemalt. Dass Mahler zur Zeit des Entwurfes des »Klagenden Liedes« Theaterkapellmeister war, das ersehen wir aus den äußerlichen Vorschriften sowie aus der, immerhin noch auf gewisse Effekte ausgehenden Gliederung des Ganzen, namentlich dann auch aus dem, wohl etwas opernhaft geratenen Schluss. Leitmotivisch ist das »O Leide« durchgeführt. Als Ganzes zeigt das »Klagende Lied« besonders lehrreich die durchaus selbstständige Auffassung, die der Künstler schon in dieser Zeit in der Anwendung und Erweiterung überlieferter Formen hatte. Es ist nicht abzuleugnen, dass Mahler in seinem Streben, dieses Jugendwerk zu »retten«, gerade instrumental etwas zu weit gegangen ist. Er hätte dann wohl auch noch einen Schritt weitergehen und sein Werk auch in der noch opernmäßig angelegten Instrumentation ändern, es noch kantatenmäßiger gestalten sollen.

Wenn wir uns sogleich an dieser Stelle der Mahlerschen Bearbeitung der Weberschen Oper »Die drei Pintos« aus dem Jahre 1887 zuwenden, so müssen wir und vergegenwärtigen, dass unser Tondichter damals bereits eine Symphonie vollendet hatte, in der seine Persönlichkeit schon voll erblüht war, und dass er bereits an einer zweiten Symphonie arbeitete. August Göllerich hat die Vorgeschichte der »Drei Pintos«-Bearbeitungen zusammengestellt. Danach hieß es nach dem Tode Webers lange, die Oper sei auf der Reise nach England verloren gegangen. Später nahm man an, Weber habe das Werk ganz im Kopfe gehabt, jedoch außer achtzehn Takten Partitur und Skizzen zu sieben Stücken nichts fertiggestellt. Der Meister des »Freischütz« war im Jahre 1817, als Kapellmeister der Dresdner Hofoper dem »Liederkreise« nahegetreten, dem geistigen Mittelpunkte der Residenz. Die spanischen Dichter, Calderon, Lope und Moreto waren damals Mode. So entlehnte denn auch Hofrat Winkler, der unter dem Namen Theodor Hell dichterisch sich betätigte, den Stoff der Oper einer Novelle »Der Brautkampf«, die ihrerseits von deren Autor Dr. Seidel dem Spanischen entnommen war. Weber änderte den Titel in »Die drei Pintos« um und begann die Komposition im Mai des Jahres 1820, unterbrach sie aber wegen Unlust an dem Text bis 1821. Im Todesjahre Webers (1826) übergab Webers Witwe Caroline das Fragment an Meyerbeer, den Mitschüler Webers bei Abt Vogler, der jedoch im Jahre 1852 der Witwe mitteilte, er »sehe sich außerstande, die ›Drei Pintos‹ zu vervollständigen, und zwar wegen Unzulänglichkeit der vorhandenen Entwürfe«(!). Später trat dann Webers Sohn Max Maria v. Weber mit Vincenz Lachner in Verbindung, der jedoch gleichfalls nach kurzem Zögern ablehnte. Nach Max Maria

v. Webers Tod ging die gesamte Pintos-Hinterlassenschaft an den Hauptmann Carl v. Weber, den Enkel des Tonmeisters über, der nun gemeinsam mit Mahler, dem jungen Leipziger Kapellmeister, die Umformung des Fragmentes in die Hand nahm.

Dass die Handlung der »Drei Pintos« albern und unmöglich sei, wie Göllerich und mit ihm der Chorus der Kritik schon beim ersten Erscheinen der Oper (in Hamburg am 5. April 1888) behauptete, ist eine wenig berechtigte Ansicht. Es war eben die typische spanische Verkleidungskomik des 18. Jahrhunderts, die in dieser harmlosen Geschichte von dem Studenten, der sich mittels eines einem Edelmann Don Pinto Nr. 1 gestohlenen Briefes für den Bräutigam einer reichen Braut Don Pinto (Nr. 2) ausgibt, der aber dann – er, der Don Pinto Nr. 3 – schließlich zugunsten des wahren Geliebten verzichtet, – ihr Wesen trieb. Wohl ist nicht zu leugnen, dass Mahlers Bearbeitung nicht immer ganz treu Webers Wesenheit spiegelt. Und doch fühlen wir, dass sich der Weber-Enthusiast Mahler im Sinne des Meisters die Ergänzungen vorzunehmen nach Kräften bemüht hat und nach dessen vergessenen Kompositionen für Klavier, auch nach Chören usw. die Lücken der vorhandenen Partiturüberreste aufzufüllen suchte. Was er aus eigenem hinzugetan hat, beschränkt sich auf gewisse harmonische und rhythmische Eigentümlichkeiten, die zwar als »Mahlerisch« erkennbar sind, die aber doch das Bild des Ganzen nicht sonderlich zu verändern vermögen.

Zweites Kapitel

Der Lyriker Gustav Mahler. Lieder des Fahrenden
Gesellen. Drei Hefte Lieder. Wunderhorn-Lieder.
Kinder-Totenlieder.

Es war Gustav Mahlers innigster Herzenswunsch, dereinst
als »Sänger« auf die Nachwelt zu kommen. Anfang und
Ende seines Schaffens ruht im Liede.

Unter den Jugendarbeiten, die Mahler dem Feuer preis-
gegeben hat, haben sich ohne Frage zahllose Lieder und
Liedchen befunden, die ganz naiv von der Seele des Jünglings »herunter mussten«. Guido Adler zitiert in der seiner
Mahler-Broschüre angehängten chronologischen Tabelle
eine Liedersammlung »Gesänge aus der Jugendzeit«,
in der sich manche dieser Erstlinge noch finden. Immer
wieder wird nun von den Mahler-Forschern betont, man
könne unseren Künstler hier, als Lyriker, »am leichtesten
verstehen«, weil sich der Musikant Mahler in seinen Liedern am natürlichsten gebe. Nur teilweise kann ich dieser
Ansicht beipflichten. Wir sehen, dass gerade in manchen
Themen der Symphonien der eigentlichste Mahler ebenso
ungezwungen ertönt wie in diesen Liedern, die ja andererseits freilich auch als solche teilweise in engsten the-
matischem Zusammenhang mit den Symphonien stehen.
Auch darin äußert sich der Orchestersänger Mahler, dass
er, wie schon das »Klagende Lied«, so auch die Mehrzahl
seiner übrigen Lieder und Gesänge für Singstimme m i t
O r c h e s t e r b e g l e i t u n g gedacht, wenn auch nicht
immer ausgeführt hat.

Die frühesten, für und in Betracht kommenden Lieder sind die »Lieder des Fahrenden Gesellen«; sie stam-
men zumeist aus den Jahren 1883/1884 (Adler schreibt:

Dezember 1884), sind aber erst im Jahre 1897 im Druck erschienen, auf diese Lieder ist das Wort von dem naiven, zum Volke sprechenden Mahler noch am ungetrübtesten anzuwenden. Weise und Wort stimmen noch am volkstümlichsten und frischesten miteinander überein. Und doch bemerken wir schon hier Elemente, die, wie der häufige Taktwechsel, wie das Ausweichen von der Anfangstonart in den Schlüssen, zeigen, dass sich auch die Lyrik unseres Tondichters nicht so leicht in ein »rechtes Systemlein« bringen lässt. Die Melodie dieser Gesänge hat die Thematik der ersten Symphonie nachweisbar befruchtet.

In den im Jahre 1892 bei Schott (Mainz) erschienenen »Gesängen für eine Singstimme mit Klavier« findet sich u.a. eine Ballade vom Steinernen Gast von der Hand des spanischen Dichter Tirso da Molina. In der Wahl dieses, nicht am Wege liegenden Gedichtes, wie anderer in dieser Sammlung enthaltener Gesänge, z.B. von Leander, zeigt sich die große, fast eigensinnige Vorliebe gerade für selten »vertonte« Dichter. Mitunter flicht er zu eigenem Ergötzen ein eigenes Gedichtchen, etwa das muntere Reigenliedchen »Hans und Grete« ein. Noch ein anderes Element aber bevorzugt Mahler schon in diesen Liedern sehr gern, das seine ganze eigene Kindlichkeit aufs Herzerfreuendste erweist, nämlich das ganz harmlose Kinderlied. »Es kam ein Herr zum Schlösseli« heißt eines der köstlichsten darunter. Tief und echt in seiner Wanderseligkeit berührt »Ich ging mit Lust durch einen grünen Wald«. Manche unter diesen Liedern sind freilich auch nicht von jedem »Lautenbarden« auf den ersten Hieb zu bezwingen.

Unbedingt den Höhepunkt seines Liederschaffens bezeichnen die eigentlichen »Wunderhorn-Lieder« (Zwölf Gesänge aus »Des Knaben Wunderhorn«). Diese Gesänge gehen formell über die bis dahin gebräuchlichen Lieder mit Orchester weit hinaus. Auch eine gewisse stilistische Verwandtschaft mit Berliozs Gesängen für Orchester (»La captive«, »Le Chasseur danois« und »Le Pàtre breton«) ist unverkennbar. Das eigentlich Charakteristische beruht indessen in der prächtigen Abmessung von Singstimme und Orchesterstimme; das verrät den in dem Lyriker schlummernden Symphoniker Mahler.

Höchst persönlich ist bei allem diatonischen Grundcharakter doch die Harmonik der Lieder; besonders liebt Mahler die Vorhalte; auch leere Quinten und Quarten verwendet er, aber nur, wo es gilt, die Stimmung dadurch zu kennzeichnen. Die Instrumentation zeigt ein für Volkslieder auf den ersten Blick nicht gewöhnliches Gesicht – drei Flöten, Piccolo, drei Klarinetten, Bassklarinette, Englischhorn, vier Hörner, zwei Harfen. Doch dient dem Stimmungsmaler auch diese Instrumentation nur dazu, die Empfindungen in dem Singenden zu vertiefen. Darin beruht eben Mahlers Modernität, auch als Lyriker: in diesem möglichst restlosen Erschöpfen der literarischen Stimmungswerte der Dichtung. Es sind bald Volkslieder im alten Stil, wenn auch leise, unmerklich modern gehöht, bald gleichsam Volkskunstlieder, in denen man fühlt, wie der Text zum ausgereiften Seelenerlebnis des Komponisten geworden ist.

Einfachere Lieder, wie das volksliedhaft trällernde »Wer hat dies Liedlein erdacht« und derb humoristische, parodistische, wie »Des Antonius von Padua Fischpredigt« (später symphonisch verwendet), stehen neben tiefgründigen Nachschöpfungen der dichterischen Grundlagen, wie die, auch einzeln erschienenen, höchst wertvollen Gesänge »Revelge« und »Tambourgesell«. Eine Ballade, von nächtlichen Schauern ganz erfüllt, ist »Der Schildwache Nachtlied«; geniale Würfe sind das erschütternde »Lied des Verfolgten im Turme« und »Irdisches Leben«.

Viele halten die »Kindertotenlieder« (nach Rückert) für Mahlers bedeutendstes lyrisches Werk. Dazu ist zu bemerken, dass dieser Zyklus zwar einzelne wahre Perlen unter Mahlers Lyrik aufweist, weil sich in ihnen eine, fast an Brahms gemahnende Herbigkeit der melodischen Linie mit einer wundersamen, wie von Trauerschleiern verhangenen Diskretion in der Deklamation verbindet. Auch mag die äußere Tatsache der Volkstümlichkeit viel genützt haben, dass diese Lieder für eine Singstimme mit Klavierbegleitung geschrieben sind. Was jedoch die Verbreitung der Lieder hindern dürfte und was auch ihrer Wirkung im Wege steht, ist die Gleichförmigkeit des ganzen Zyklus. Auch gehört zum Vortrage dieser Kindertotenlieder, die namentlich harmonisch von den glücklichsten, mimosenhaft zarten Eingebungen durchleuchtet sind, ein Begleiter, der sie wahrhaft miterlebt, der aber auch der Schwierigkeiten der Stimmführung zwischen Klavier und Singstimme überall Herr wird.

Wie tiefst innerlich verwachsen unser Künstler mit dem Volksliede als Schaffender war, das wird und deutlich, wenn wir die Reihe seiner 42 Lieder und das weise stilistische Maßhalten in der Begrenzung des Stoffkreises betrachten. Wohl umfassen Mahlers Lieder Natur und Welt, die Welt der Kinder und der Großen und die Liebe, wohl spielt der Humor in parodistischer und auch in derber Gestalt eine große Rolle, nie aber steigt Mahler zu den Niederungen der schwülen übermodernen Erotik hinab. Mahler war eben kein »Zeitgenosse« im wortwörtlichsten Sinne dieses heute so oft falsch gebrauchten Begriffes. Und gerade darum ist er wohl auch bis heute nicht »Mode« geworden.

Drittes Kapitel

Der Symphoniker Mahler. Allgemeines. Mahler und
Richard Strauß. Programme und Programmmusik.
Perioden seines symphonischen Schaffens.

»Vita fugax« (»Schnell flieht das Leben dahin«). Immer
wieder fiel dieses kurze, bedeutungsvolle Wort aus dem
Munde unseres Künstlers. Wenn wir den Riesentempel
betreten, in dem Mahlers Allerheiligstes, sein symphonisches Ideal auf dem Hochaltare thront, so umrauschen
uns die Fittiche der Ewigkeit. Wer unserem Künstler seine
Maßlosigkeit vorwirft, hat das innerste Wesen dieses pantheistischen Menschheits- und Natursuchers nicht erfasst.
In den Sommermonaten; in denen er inmitten seiner trauten, zu Sammlung und Schaffen einladenden Berge und
Bergseen am symphonischen Werke war, ging er oft wie
ein Traumwandler einher. Es ist einer der billigsten Trugschlüsse, die man in Bezug auf seine Symphonien gemacht
hat, aus dem übergroßen instrumentalen Aufwand, und
aus der Anton Bruckner weit überbietenden Ausdehnung der einzelnen Sätze vorschnell zu folgern, Form und
Inhalt ständen in einem Missverhältnis zueinander. Gustav
Mahler ist insofern der geborene Symphoniker, als er der
geborene absolute Musiker ist. Das schließt bei seiner Auffassung von der im Anschluss an Beethovens Neunte ins
Vokale erweiterten Form der Symphonie keineswegs aus,
dass er zugleich auch der geborene Vokalkomponist war.

Was jedem Betrachter seiner Symphonien zuerst auffallen muss, ist die zum Mindesten formale und instrumentale
Ähnlichkeit des Satzbaues mit dem von Anton Bruckners
Symphonien. Selbst der Mahlergegner Rudolf Louis musste
zugeben, dass »die geschichtliche Betrachtung einmal

genötigt sein wird, Mahler unmittelbar neben Bruckner zu
stellen«. Dass die Fantasie in der Tat das entscheidende, das
bleibende, das fortreißende Element in Mahlers Leben ist,
das haben seine beiden ihm wesensähnlichsten Freunde,
Bruno Walter und Georg Göhler, am tiefsten ermessen.
»Der Heilige Geist«, so sagt Göhler, »der in der Kunst
Fantasie heißt, ist in allen Mahlerschen Symphonien die
bewegende Kraft.« Wer sich diese Mahler-Anschauung zu
Eigen macht, der wird auch nicht mehr so hartnäckig an
dem Satz von der überreizten Nervosität des Menschen und
des Dirigenten Mahler festhalten, wenn er an die Betrachtung seiner Symphonien schreitet. Ein Philister freilich ist
unser Künstler nicht gewesen; er hat sich nicht erst um des
lieben Publikums willen eine eigene Seele eingeschraubt,
wenn er ans Komponieren ging. Es hat Mahler immer am
meisten verdrossen, wenn die Leute zu viel in seine Kunst
hineingeheimnist und ihn dann auf eine Stufe oder auch
nur in Vergleich mit Richard Strauß gestellt haben.

Mahler hat sich über sein Verhältnis zu Strauß Arthur
Seidl gegenüber in einem Briefe aus dem Jahre 1897 folgendermaßen ausgesprochen: »Sie haben recht, dass
meine Musik schließlich zum Programm als letzter Verdeutlichung gelangt, während bei Strauß das Programm
als gegebenes Pensum vorliegt. Schopenhauer gebraucht
irgendwo das Bild zweier Bergleute, die von entgegenge-
setzter Seite in einen Schacht hineingraben und sich dann
auf ihren unterirdischen Wegen begegnen. So kommt mir
mein Verhältnis zu Strauß treffend gezeichnet vor.«

Mahler hat sich einmal in Paris zu seinem Freunde Alfred Casella dahin gehäußert, dass er die Perioden in seinen
Symphonien unterscheide; die erste umfasse die Erste bis
zur Vierten, die zweite Periode die Fünfte bis zur Achten,
die dritte aber habe mit der Neunten begonnen.

Subjektiv kann man allerdings die stilistische Abwand-

lung in Mahlers Musik trefflich in den Symphonien ver-
folgen. Hierbei ist es auffällig, dass Mahler fast stets
irgendwelche leisen Sehnsuchtsempfindungen nach den
Volksliedern während der inspiratorischen Arbeit zu den
Symphonien gefühlt haben muss. Selbst die wenigen unter
seinen symphonischen Werken, die nicht direkt Gesangs-
partien und Chöre aufweisen, knüpfen in dem thematischen Material nicht nur an seine Lieder an, sondern
erweitern häufig deren Stimmungsgehalt auf Grund des
thematischen Kernes zu ganzen Sätzen.

Man kann in den Symphonien genau die Entwicklung
des Lyrikers Mahler wiedererkennen. Lehnt er sich in der
ersten Periode an die Gedichte »Aus des Knaben Wunderhorn« an, so fallen die späteren Symphonien genau mit
den Rückertschen Liedern zusammen. Wenn Bruno Walter
meint, in der fünften, sechsten und siebenten Symphonie sei
er nicht einmal mehr von »verschwiegenen Worten beein-
flusst«, so werden wir doch gerade, namentlich in der fünften und siebenten, zum Mindesten noch Stimmungsklänge
an die Volksliedpoesie wahrnehmen können. Dagegen ist
ohne Zweifel richtig, was Bruno Walter von der musikalischen Ausdruckskraft sagt, die sich in der ersten Periode
vertiefte, während sich Mahler in der zweiten Periode mehr
nach der technischen Seite hin vervollkommnet hat.

Viertes Kapitel

Mahlers erste, zweite, dritte und vierte Symphonie.

Zwei Musiker von der Bedeutung Hermann Kretzsch-
mars und Richard Straußens haben die Aufführung der
ersten Mahlerschen Symphonie bei Gelegenheit der Ton-

künstlerversammlung des Allgemeinen Deutschen Musik-vereins zu Weimar am 3. Juni 1895 durchgesetzt. Das Werk ist bereits während Mahlers Budapester Theaterzeit, im Herbst 1888, entstanden und auch in Pest in einem phil-harmonischen Konzert zur Aufführung gelangt. Doch die eigentliche Uraufführung brachte erst der Weimarer Tonkünstlertag. Mahler bezeichnete das Werk damals noch – nach Jean Pauls Roman – mit »Titan«. Die Über-schriften, die ursprünglich von Mahler der Symphonie als Inhaltwegweiser zugrunde gelegt wurden, beweisen schon an sich, dass die Allgemeinbezeichnung »Titan« ziemlich willkürlich war. Der erste Satz war überschrieben: »Früh-ling und kein Ende. Die Einleitung schildert das Erwachen der Natur am frühesten Morgen. Zweiter Satz: Blumi-nen-Kapitel (nach Jean Pauls Roman ›Siebenkäs‹). Dritter Satz: Mit vollen Segeln. Vierter Satz: Des Jägers Leichen-begängnis, ein Totenmarsch in Callots Manier.« Sicherlich weben jene toll fantastischenen, barocken, einander über-haftenden Jean Paulschen Einfälle, die das Eigentümliche des »Titan« ausmachen, ihren Nebelschleier über gewisse Teile der Symphonie. Im Ganzen jedoch können wir das Werk auch ohne ein solches literarisches Programm als ersten symphonischen Ausdruck der Mahlerschen Welt-anschauung genießen.

Als Sänger der Natur tritt uns Mahler hier in den ers-ten drei Sätzen unmittelbar entgegen: das schleppende, von der Oboe vorgetragen Quartenmotiv, das wichtig für das ganze Werk wird, malt das Erwachen der Natur. Bei dem aufsteigenden Thema der Celli und Bässe scheint sich das Leben der Menschen zu entfalten. Der Einsatz des D-Dur-Hauptthemas bezeichnet heiter den Tagesan-bruch. Frisch und froh wird der Satz durchgeführt, gelangt zum zweiten Hauptthema in A-Dur, das übrigens einem der Lieder des Fahrenden Gesellen (»Ging heut morgen übers Feld«) entnommen ist; Mahler treibt ein übermütig Spiel mit seinen Themen: wie drohend kehrt der Orgelpunkt des Anfangs immer wieder, auch das jetzt umgekehrte aufsteigende Motiv der Celli und Bässe erscheint, und nachdem das Lied des Fahrenden den Wandercharakter des Ganzen noch einmal kräftig betont hat, schließt der Satz mit ein paar jähen, echt Mahlerschen Stimmungsgegensätzen ab. Stark Brucknerisch ist der zweite, kräftig bewegte 3/4-A-Dur-Satz gestimmt; aber selbständig mutet auch darin wieder die Art an, wie unser Künstler hier die Scherzo- und die Ländlerform mischt. Mahler behandelt gerade in diesem Satz sein in dieser Ersten noch nicht sehr großes Orchester überaus fein, namentlich in der Kontrastierung der Streicher- und Holzbläsergruppen. Auch formell bringen die knapp gehaltenen Wiederholungen der Einzelsätzchen bis zum Eintritt des urgemütlichen Trios einen eigenartigen Stil in das Werk. Selbst mitten in diesem Trio versagt sich Mahler nicht die Einschiebung eines kleinen G-Dur-Mittelteiles, bringt aber dann den Satz als solchen sehr energisch zum Abschluss. Im dritten Satze bereitet sich schon die tragische Stimmung des Schlusssatzes vor. Zwar empfindet jeder einigermaßen fantasievoll angelegte Hörer die seltsame parodistische Stimmung, die in diesem »Totenmarsch in Callots Manier« ihr unheimlich brodelndes Wesen treibt, deutlich; doch nur, wer das g a n z e Werk betrachtet, nur wer die drei ersten Sätze als Gegensätze »Naturtrieb und Schicksalsgewalt« in sich aufgenommen hat, dem wird auch die Parodistik dieses viel gedeuteten Marsches mehr und mehr als eine Art von verhaltener Tragik, als Selbsttravestierung erscheinen müssen. Ist doch das D-Moll-Hauptthema des Marsches motivisch deutlich aus dem D-Dur-Thema des lustigen Wanderliedes im ersten Satze durch verzerrende Verbreiterung abgeleitet. Es ist also ein Zugrabetragen der durch den Zauber der

Natur im Menschen wachgerufenen heiteren Hoffnungen, das dann wie von einer Horde krächzender Spukgestalten aus einem Bilde des Höllen-Brueghel unserer erschreckten Seele ersteht. Kühne Instrumentaleinfälle, wie das Kratzen der Streicher mit dem Holz des Bogens, erhöhen die Wirkung noch. Zwar bringt dann das »sehr einfach«, wie eine schlichte Volksweise gehaltene G-Dur-Trio in 4/4-Takt eine Tröstung inmitten dieses gespenstischen Aufmarsches der Schrecknisse, aber unentrinnbar kehren jene wilden Träume wieder, werden – was die gruselige Stimmung noch vertieft – durch andere Tonarten gehetzt, bis schließlich der Satz geheimnisvoll verklingt. Desto urgewaltiger rast aber – und hier entlädt sich nun schon in dieser ersten Symphonie das dämonische Naturell unseres Meisters in flackerndem, prasselndem Glanze – der erschütternd grell einschlagende A l l a - B r e v e -Schlusssatz daher; die düstere F-Moll-Tonart deutet schon äußerlich darauf hin, zu welcher Tragik sich die Tongebilde auftürmen müssen. Es sei hier bemerkt, dass der stets überaus malerisch komponierende Tonkünstler mit einer unfehlbaren Treffsicherheit schon durch die Tonarten den Charakter seiner Klanginspiration zu kennzeichnen weiß.

Wie das gebieterische Schicksal selbst tritt uns das heroische Hauptthema entgegen, das mit einer grandiosen Wildheit jählings durch das aufgewühlte Orchester fegt, um einem Des-Dur-Satz Platz zu machen, in dessen unendlich wohlig hinströmendem Hauptthema wir die wahre menschliche und musikalische Gemütsreinheit unseres Musikers erkennen. Doch Kampf ist des Menschen Los; Kampf mit dem immer herrischer sich aufreckenden Schicksal, dessen tonmalerische Verkörperung Mahler dadurch noch unheimlicher gestaltet, dass er sie den »mit in die Höhe gerichteten Schalltrichtern« blasenden Holzinstrumenten zuweist. Im Verlauf der nun folgenden Durchführung treten Erinnerungsmotive aus den früheren Sätzen auf, bis das Hauptthema in triumphierender Weise von den (laut Vorschrift) »die Trompeten noch übertönenden Hörnern« »in höchster Kraft« wie eine strahlende Fanfare geblasen, den Schluss bringt.

Keine seiner Symphonien hat sogleich bei ihrem ersten Erscheinen einen so unbestrittenen Beifall erzielt wie die erschütternde Zweite. Schon dass sie unter dem Titel »Auferstehungssymphonie« sich in der Orchestersprache einzubürgern beginnt, beweist symptomatisch ihre immer noch wachsende Anerkennung. Gerade d i e s e Symphonie, die im Oktober 1900 in München ihre erfolgreiche Uraufführung fand, hat wohl die meisten Auslegungsversuche über sich ergehen lassen müssen. Die gleichsam ins Übermenschliche sich auftürmende Anlage und Gliederung der Symphonie deutet auf den heroischen Charakter hin. Das Orchester ist folgendermaßen zusammengesetzt: 18 erste, 16 zweite Violinen, 12 Bratschen, 12 Celli, 10 Bässe; 4 Flöten, 2 kleine Flöten, 4 Oboen, 2 englische Hörner, 4 Klarinetten, 1 Bassklarinette, 4 Fagotte, 1 Kontrafagott, 6 Trompeten, 6 Hörner, 4 Posaunen und Basstuba. An Schlagzeug (das immer bei Mahler eine besonders wichtige Rolle spielt): 6 Pauken, Triangel, Becken, große und kleine Trommel, 2 Tamtam, Rute, diverse gestimmte und 3 ungestimmte Glocken, endlich Orgel; dazu im fünften Satz noch ein aus 4 Trompeten, 4 Hörnern, 2 Pauken, Triangel und Becken bestehendes Fernorchester, sowie gemischter Chor mit Sopran- und Altsoli. Mahler war sich der Verantwortlichkeit seiner Aufgabe wohl bewusst. Er sang dieses Lied vom Werden und Vergehen alles menschlichen Heldenringens mit dem ganzen Aufgebot seines metaphysischen Jenseitsgefühles sich von der Seele.

Aus der Tatsache, dass die Symphonie in Hamburg entstanden ist, zog man früher den voreiligen Schluss, dass die

Totenfeier des ersten Satzes auf den Tod H. von Bülows gedacht sei. In Wahrheit hat, wie uns Specht erzählt, Mahler den Satz »lange vorher beendet und ihn dem Verehrten noch vorgespielt.« Dagegen ist die Idee der Einfügung des »Auferstehn«-Chores im Schlusssatz in Mahlers Kopf allerdings während der Totenfeier zu Bülows Ehren in der Hamburger Michaeliskirche entstanden. Mahler hat sich darüber Arthur Seidl gegenüber in dem bereits früher erwähnten Briefe ausführlich geäußert.

Wenn man die einzelnen Teile dieses aus fünf großen Sätzen bestehenden, in einander verfließenden Riesenwerkes wiederum genau zergliedert, so wird die Übersichtlichkeit ungemein erleichtert. So kann man in dem ersten Satze – Maestoso, C-Moll, 4/4-Takt – folgende fünf Abschnitte erkennen: Erste Themengruppe (C-Moll) Hauptsatz; zweite Themengruppe (C-Dur, E-Moll); drittens, Trauermarsch (Es-Moll); viertens, Wiederholung der ersten Themengruppe in verkürzter Form und schließlich Schlusssatz im Tempo des Trauermarsches. Mit einer höchst feierlichen Wucht bringen Celli und Bässe das Marschthema. Ganz im Stil seines großen Vorgängers Bruckner baut Mahler auf diesem Thema ein Gegenthema auf und steigert es immer schmerzlicher, um dann – auch hier wird man an Bruckner gemahnt – ein klagendes Thema der Holzbläser entgegenzustellen. An der Stelle, wo die Violinen das Thema nach E-Dur wenden, geht etwas wie ein Richard Straußisches Schwärmen durch die Melodik, womit ich aber beileibe nicht von Anlehnung gesprochen haben will. Der Satz hat in seinem weiteren Verlauf entschieden rhapsodischen Charakter, und wir verstehen gerade hier Mahlers Wort »Mir heißt Symphonie mit allen Mitteln der vorhandenen Technik mir eine Welt aufbauen«. Aber es ist die reiche Innenwelt eines voneinander überstürzenden Visionen erfüllten Schaffenden, die sich in dem Kampfbild dieses ersten Satzes uns auftut; tiefe Gläubigkeit, die durch einen feierlichen, im Schlusssatz erst ganz entwickelten Choral symbolisiert wird, ist der Grundzug dieses ersten Satzes.

Von Schubertscher Lieblichkeit durchweht ist das nun folgende A n d a n t e   c o n   m o t o (As-Dur, 3/8-Takt). Wieder flüchtet der Künstler in die alles in Wohllaut und Harmonie auflösende Natur. Das überaus einprägsam erfundene Hauptthema wird mit zierlicher Grazie und musikantenmäßig froher Schelmerei durchgeführt; köstlich frisch in seinem Rhythmus (Sechzehnteltriolen) wirkt das Trio, in dem ein zweites Thema zu einem fast reigenartig ausgestalteten Sätzchen führt; doch kehrt bald das Hauptthema wieder, und der Satz geht abermals in das variierte Trio über, bis dann der aufs Neue umgestaltete Hauptsatz das reizvolle Stück Musik abschließt. Wir können aus diesem Satz lernen, wie kühn und überlegen Mahler die symphonische Form erweitert. Das folgende Scherzo (in ruhig fließender Bewegung, C-Moll, 3/8-Takt) zeigt die, charaktermäßig unbedingt aus gewissen Berliozschen Symphoniesätzen sich ergebende, aber zugleich aus Mahlers eigenstem Wesen entquellende Hinneigung zum Grotesken, Bizarren; Mahler hat hier eines seiner Lieder »Die Fischpredigt des Heiligen Antonius« in symbolischer Weise thematisch und ideell verwertet. Der gespenstische Charakter des Satzes wird instrumental durch Umspielung, Umflatterung der Holzinstrumente und Pauken vermittels Ruten schauerlich gemalt; es ist rührend, wie der Künstler immer wieder den Geigen aufhellende Dur-Weisen als tröstende Engelstöne zuweist. Zuweilen wird die Stimmung fast ländlich idyllisch, bis dann, von den Celli und Bässen intoniert, ein Fugato ertönt, in dem die Holzbläser einen Motivteil zu einem übermütigen Liede erweitern. Nur innerste Aufgewühltheit konnte die Verzweiflungsschreie ausstoßen, die, dissonanzenbeladen,

den Höhepunkt des Satzes bilden; es ist wie ein angstge-
peitschtes Aufbrüllen der gejagten Menschheit, die sodann
ihrem gepressten Herzen Luft macht in dem nächsten
Tongedicht, das zu dem schönsten gehört, das nicht nur
Mahlers Musik, sondern die gesamte neuere Tonkunst
aufweist: es ist jener »Urlicht«-Betgesang aus »Des
Knaben Wunderhorn« – »O Röschen rot: der Mensch
liegt in größter Not«, in dem der Auferstehungsgedanke
vorbereitet wird. Von diesem vierten Satze an (Des-Dur,
4/4-Takt, »sehr feierlich, aber schlicht«, eine echt Mahlersche paradoxe und doch tiefst richtige Bezeichnung!)
wird diese C-Moll-Symphonie sozusagen jedermann ver-
ständlich. Atemlos folgen wir den Ergüssen der Herzens,
wie sie die mütterlich warme Alt-Solostimme in volkslied-
schlichten Weisen singt: »Ich bin von Gott und will wieder
zu Gott«; wenn auch noch ein zweiter Verzweiflungssturm
das Orchester durchtobt, wir ahnen doch die Erlösung und
hören, aus weiter Ferne, den Hornruf des »Rufers in der
Wüste«; bald erklingt, von den Posaunen intoniert, das
Auferstehungsmotiv. Wenn sich dann das trotzige Hel-
denmotiv des ersten Satzes gegen diese Glaubensklänge
aufbäumt, ist es, als versuche der Monotheismus mit dem
Pantheismus immer wieder zu ringen, bis schließlich die
Stimmung immer verklärter wird, immer strahlender die
Trompetenklänge des Jüngsten Gerichtes erbrausen und
endlich »Der große Appell« ertönt. Hieran klammerte
sich die über »Maßlosigkeit« nörgelnde Parteikritik, an
diese Stelle, wo das Fernorchester einsetzt, wo dann dieses Tonparadies immer gleißender sich vor unseren Sinnen
öffnet; und doch ist es die Mystik eines im Ursinne des
Begriffes katholischen Künstlermenschen, die sich in den
visionären Klängen des Schlusssatzes enthüllt. Die katholi-
sierende, fast mittelalterlich ästhetische Stimmung, in der
sich unser Künstler beim Schaffen dieses Auferstehungs-

chores – »Auferstehn, ja auferstehn wirst du, mein Staub, nach kurzer Ruh!« – befunden haben muss, geht u.a. aus der seltsam altertümlichen Stimmführung dieses Chores hervor. Nicht mehr bloß die Töne, sondern auch die Worte als Fortsetzung der Klopfstockschen Ode drängten sich ihm von selbst auf die Lippen: »O glaube, mein Herz, es geht dir nichts verloren! Dein ist ja dein; was du gesehnt, was du geliebt, was du erstritten. O glaube, du warst nicht umsonst geboren, hast nicht umsonst gelebt, gelitten.« Erst die Überwindung des Allbezwingers Tod bringt die wahre heldische Auferstehung allen Menschentums. Bei der Chorstelle »Sterben werd' ich, um zu leben!« ist der Höhepunkt erreicht, den der unter Orgelklängen unsere Seele wie mit Adlerfittichen umbrausende Auferstehungschor des Orchesters und der Singenden, von Glockengeläut umbrandet, jubelnd festhält, bis das von Posaunen und Trompeten und hörnern angestimmte Erlösungsmotiv uns in seliger Verzückung aufatmen lässt!

Mahler hat selbst gesagt, dass diese seine zweite Symphonie eine Sonderstellung unter seinen Werken einnehme und dass, wenn sie »einschlägt«, damit für seine anderen Werke »garnichts erreicht sei«. Darin liegt zugleich ein schmerzliches Eingeständnis, dass eben wohl die Zeit für seine anderen Werke (die Achte immer ausgenommen!) eben noch nicht gekommen sei.

Den Entwurf zu seiner dritten Symphonie hat Mahler im August des Jahres 1895 fertiggestellt, um sie dann im nächsten Sommer zu beenden. Erst im Jahre 1898 erschienen, wurde das Werk zunächst bruchstückweise (der zweite und dritte Satz von Felix Weingartner in einem der Symphoniekonzerte der Berliner Kgl. Kapelle) aufgeführt, von der dortigen Kritik aber ziemlich lau beurteilt. Erst gelegentlich der Gesamtaufführung beim Krefelder Tonkünstlerfeste des Allgemeinen Deutschen Musikvereins im

Jahre 1902 trug das Kolossalwerk – es ist die längste Symphonie unseres Künstlers, denn sie dauert fast zwei Stunden – einen rauschenden Erfolg davon. Diese Dritte ist in Wahrheit eine Lobhymne auf das Naturleben zu nennen. Mahler hatte dem Werke ursprünglich den Gesamttitel »Sommermorgentraum« gegeben und den sechs Sätzen zuerst folgende Ideen zugrunde gelegt: 1. Pan zieht ein; 2. Was mir die Blumen der Wiese erzählen; 3. Was mir die Tiere des Waldes erzählen; 4. Was mir der Mensch erzählt (Altsolo); 5. Was mir die Engel erzählen (Chor); 6. Was mir die Liebe erzählt. Nirgends ist Mahler so bewusst, im Aufbau, wenn auch nur äußerlich, vom herkömmlichen Symphonieschema abgewichen: stellt er doch dem ersten und längsten Satze die übrigen fünf entgegen. Die Besetzung des Orchesters ist wiederum überreich; besonders fällt eine Verstärkung der Holzbläser, ferner die ungewöhnliche Bevorzugung des Schlagzeuges und die Anwendung des Fernorchesters nebst Fernchores auf. Wie immer in Mahlers Einleitungssätzen geht hier der eigentlichen Introduktion noch eine Art von musikalisch sich selbst einführender Vorbemerkung voran. Mit einem, leise an das Freudenthema der Neunten gemahnenden Thema setzt der erste Satz (Kräftig. Entschieden. D-Moll, 4/4) ein; es entwickelt sich ein fantastischer Aufzug, »des Künstlers Zug durchs Leben«, wie Mahler ihn selbst genannt hat, während Richard Strauß beim Dirigieren (nach Specht) die Vorstellung von unübersehbaren Arbeiterbataillonen hatte. Im Hinblick auf die in diesem Satze besonders leidenschaftliche Thematik und auf die sich immer steigernde Wildheit der Bewegung ist dieser Straußsche Einfall in der Tat ganz vortrefflich; nur dürfen wir auch der zarten, von den Hörnern in F gebrachten, von Violinen mit Harfenbegleitung gestützten Zwischenspiele nicht vergessen. Der ins Naturorgiastische gesteigerten Zerklüftung dieses dionysisch aufjauchzenden ersten Satzes stellt Mahler in der zweiten Abteilung das rein menschliche, irdische Naturwohlgefühl entgegen. In seligster Unbefangenheit fließt das Menuett (Grazioso, A-Dur, 3/4) dahin. In dem kleinen Trio hüpfen die Figuren der Holzbläser einher, als neigten sich die Blätter und Blüten, von leichtem Winde bewegt. Das Naturspiel wird im nächsten Satz (Commodo, Scherzando, C-Moll, 2/4) scherzoartig weitergeführt: das Posthorn ertönt – noch öfter werden wir Mahler in dem Banne behaglichen Biedermeiertumes sehen; es ist der gleiche Gefühlskreis, der so viele seiner Lieder bestimmt (von denen er hier übrigens wieder eines »Der Kuckuck, der sich zu Tode gefallen« benutzt). Mit dem vierten Satz vertieft sich diese naive Pastoralstimmung zur menschlichen Symbolik. Wie stets, wenn er sein Innerstes reden lässt, erteilt Mahler der Altstimme das Wort, die, auf einem geheimnisvoll raunenden A der Celli und Bässe ruhend, Nietzsches Worte singt: »O Mensch! Gib Acht! Was spricht die tiefe Mitternacht? Ich schlief! Aus tiefem Traum bin ich erwacht!« ... die ganze Mystik des Mahlerschen Innenlebens liegt über dieser Musik; die eigenartige, wie versonnene, bröckelnde Deklamation erhöht den Zauber. Die Symbolik und Naturphilosophie hellt sich im nächsten Satze (Luftig im Tempo und keck im Ausdruck, F-Dur, 4/4) wieder auf. Zum ersten Male verwendet Mahler hier Kinderstimmen, in Gestalt eines Knabenchores, der den köstlichen Engelreigen aus des Knaben Wunderhorn (»Bimbam, bimbam! Es sungen drei Engel einen süßen Gesang«) anstimmt. Der Frauenchor nimmt die Weise auf, und zwar weist Mahler ihm die Worte Jesu wie diejenigen des Petrus zu, während die Knaben ihr engelsüßes Bimbam darüber schweben lassen. Im weiteren Verlauf ist charakteristisch für die überaus sorgfältige malerische Abtönung, die der Künstler der Orchestrierung stets zuteilwerden lässt, die Tatsache, dass er, um den Klangcharakter der tragenden Alt-Solostimme zu stützen, nur die tiefen Streicher verwendet, während die ersten und zweiten Violinen vollständig fehlen. Unmittelbar schließt sich der sechste, letzte Satz (langsam, ruhevoll, empfunden, D-Dur, 4/4) an. Die Streicher schwelgen in einem wundervoll innigen und ganz einfach diatonisch gehaltenen Gesang, die zweiten Violinen stimmen die Gegenmelodie dazu an; zu prächtigen Modulationen wird die Thematik verschlungen; wir fühlen förmlich, wie sich Mahler seine innige Liebe zur Natur, zum Leben, zum All, seinen ganzen Musikerpantheismus von der Seele singt; ihm »erzählt die Liebe« hier alle Wunder des Alls … In dieser dritten Symphonie hat sich die Reife Mahlers und das Hervortreten seiner eigenen Note, die eine innige Verschmelzung von Gemüt und Verstand darstellt, bereits klar vollzogen.

»Das erste wirkliche musikalische Ereignis im neuen Jahrhundert« hat Ernst Otto Nodnagel Mahlers vierte Symphonie (G-Dur) nach ihrer Uraufführung in einem jener Kaim-Konzerte (am 25. November 1901) genannt, die damals eine Zeit lang, als noch Männer wie Siegmund v. Hausegger, Felix v. Weingartner und Ferdinand Löwe an der Spitze dieses Orchesters standen, München zu einem Mittelpunkt des deutschen Musiklebens gemacht haben. Unser Künstler zeigt in dieser Symphonie, – Specht nennt sie nicht übel ein Zwischenspiel in seinem Schaffen – dass er auch »anders« kann. Gerade was die Technik der Instrumentation des kleinen Orchesters anbetrifft, ferner auch im Hinblick auf die Knappheit des Ganzen beansprucht diese Vierte das Recht, besonders liebevoll gewürdigt zu werden. Man betrachte das ungemein geistvoll gegliederte Orchester: Streicher, 4 Flöten (3. und 4. abwechselnd mit Piccolo), 3 Klarinetten (2. abwechselnd mit Es-Klarinette, 3. mit Bassklarinette), 3 Fagotte (3. abwechselnd mit Kontrafagott), 4 Hörner, 3 Trompeten, 1 Harfe; an Schlagwerk: Pauken, große Trommel, Triangel, Schelle, Glockenspiel Becken, Tamtam. Dank der Möglichkeit, bei den Bläsern durch Abwechslung Abtönung zu schaffen, ohne das Orchester zu vergrößern, erreicht hier ein ungemein klug berechnender, orchestral schaffender Musiker mit knappen Mitteln den größtmöglichen Farbenreichtum. Die Thematik des ersten Satzes (G-Dur, 4/4 als Haupttempo, recht gemächlich) hat, wenn man von der schon durch die Schellenbegleitung und die Vorschläge fast etwas exotisch wirkenden Einleitung absieht, beinahe Haydnschen Charakter. In der sehr eigenartigen Durchführung überrascht Mahler freilich durch eine unendlich mannigfache Kombinierung. Etwas von dem launisch impulsiven Wesen des selbstherrlichen Menschen Mahler spiegelt sich in der Art, wie er hier plötzlich ein kleines Teilmotiv zum Anfang einer Ausweichung inmitten der Durchführung ausgestaltet. Mahler zeigt sich hier als der fantasiereiche Bezwinger auch der schwierigsten Formprobleme. Im zweiten Satz (C-Moll, 3/8, in gemächlicher Bewegung, ohne Hast) tritt wieder der Phantast im Stile E.T.A. Hoffmanns in die Erscheinung, und zwar ein ironisch ins Wienerische abgewandelter Hoffmann; denn die Weise an sich, wie sie die, absichtlich einen Ton höher gestimmte Sologeige aufspielt, ist ein gemütlicher Ländler, der aber durch rhythmische Mittel (die überhaupt ein sehr wichtiges Charakteristikum der Mahlerschen Kunst sind) und durch spukhafte Instrumentation ins Totentanzhafte gezerrt wird. Die Liedform ist in dem ganzen Satz, auch in dem ungezwungen heiteren Trio, in dem Mahlers Lieblinge, die Holzbläser, wieder sich nach Herzenslust ergehen können, durchgeführt. Nur dass diese Liedform durch Variationen wieder bereichert wird. Diese Variationenform, die Mahler trefflich meisterte, kommt dann auch in dem dritten Satz (G-Dur, 4/4, ruhevoll) zur Verwendung. Schon wie das von den Celli gebrachte Thema angelegt ist, in seiner stockenden Rhythmik, wie sich ihm ein Gegenmotiv gesellt, immer noch erweitert und dann zu einem zweiten, zuerst von der klagenden Oboe gebrachten Hauptthema führt, schon darin zeigt sich die auf Variation eingestellte Arbeit des Komponisten. Mahler sucht diese Variationen namentlich durch geistvolle Umbildungen der Themen, die sie oft ganz neu gestalten, persönlich zu färben. Dabei schafft der unserm Künstler eigentümliche, jähe Tempowechsel oft humoristische Wirkungen, indessen bleibt der Grundcharakter des Adagios, besonders gegen Schluss des Satzes hin, durchaus gewahrt. Im Hinblick auf den Schlusssatz (G-Dur, 4/4, sehr behaglich) ist die Symphonie schon von einem ihrer ersten Beurteiler, Nodnagel, eine »Himmels-Bruegheliade«, von Bruno Walter ein »Wolkenkuckucksheim des Romantikers« genannt worden. In der Tat ist das dem Satze zugrunde liegende Gedicht aus »Des Knaben Wunderhorn« (dieser Sammlung, die man fast das Lebensmotto Mahlers zu nennen versucht ist), ein köstlich Himmelsparadiesspiel. Nach kurzem Vorspiel singt der Sopran dieses vollständig durchkomponierte Lied »Wir genießen die himmlischen Freuden, drum tun wir das Irdische meiden«. Hart streift der weitere Inhalt des Gedichtes in seiner naiv treuherzigen Schilderung des himmlischen Lebens für das nicht mehr so reine Gefühl unserer Zeit ans Parodistische, und so schreibt Mahler in der Partitur eigens vor »ohne Parodie!« Dass unser Tondichter sich auch hier als Orchestermaler von heiterer Prägnanz bewährt, indem er die einzelnen Verse durch kleine Zwischenspiele des Orchesters anmutig unterbricht, nimmt uns nicht wunder. Übrigens fallen an mehreren Stellen Zitate aus der dritten Symphonie auf; Mahler liebte dieses Blättern in seinem eigenen musikalischen Lebenstagebuch. Auch an Tonmalereien zur Schilderung der Tierstimmen usw. fehlt es nicht. Die Schlusszeile jedes Verses ist refrainartig zugespitzt … wundervoll verklärt berührt zuletzt die Wendung nach dem fast seraphimartig leuchtenden E-Dur.

Fünftes Kapitel

Die fünfte, sechste und siebente Symphonie.

Wir hatten aus Mahlers eigenem Munde bereits gehört, dass für sein Empfinden mit der fünften Symphonie eine neue Periode beginne, müssen jedoch dazu bemerken, dass es sich, wenn man die nächsten drei Werke mit den vorangegangenen vergleicht, wohl um eine technische Vertiefung des Stiles, nicht aber um eine Neuwerdung seiner Persönlichkeit handeln kann. Auch dem von nun an teilweise zu beobachtenden strengeren Anschluss an die klassische Form dürfen wir schon deswegen keine übergroße Bedeutung beimessen, wie Mahler in seinem Gipfelwerk, der Achten, doch wieder zu der freien Chorsymphonie, zur oratorischen Symphoniehymne zurückkehrt, die schon seit seiner Zweiten die ihm eigene Form der Symphonie gewesen ist. Viel eher haben wir in den folgenden drei Schöpfungen Erzeugnisse eines männlich gereiften, zudem durch das intime Studium des großen Befruchters Johann Sebastian Bach unendlich komplizierten Stiles zu erblicken. Darum haben es auch gerade diese Werke im Allgemeinen bisher zu keiner durchgreifenderen Anerkennung bringen können. Sie stellen überdies –das gilt besonders von der düsteren Sechsten – an die nicht bloß musikalische, sondern weit mehr noch an die seelisch-physische Aufnahmefähigkeit selbst der willigsten Hörer oft gewal-

tige Anforderungen, die durch die Ausführungsschwierig-
keiten noch gesteigert werden.

In der fünften Symphonie, die bereits im Jahre 1901
begonnen, im folgenden Jahre beendigt und in einem Köl-
ner Gürzenich-Konzert im Jahre 1904 zum ersten Male
aufgeführt wurde, bedient sich Mahler wieder eines sehr
großen Orchesterapparates. Außer den üblichen Streichern und Holzbläsern verwendet er 6 Hörner, 4 Trompeten, 3 Posaunen und Basstuba, außerdem wieder sehr
zahlreiches Schlagzeug, dem auch die Holzklapper und das
Tamtam nicht fehlen. Augenscheinlich war es da vor allem
das Klangbewusstsein des gewaltigen Trauermarsches,
der ihm eine solche Instrumentation eingegeben hat. Wir
bemerken übrigens diese, fast an Fanatismus grenzende
Vorliebe bei unserem Künstler für die Form des Trauermarsches, der ihm eine solche Instrumentation eingegeben hat. Wir bemerken übrigens diese, fast an Fanatismus
grenzende Vorliebe bei unserem Künstler für die Form des
Marsches überhaupt und für die Trauermarsches insbesondere; sicherlich sind es auch hier Erinnerungen an die
Musik der Kasernen in seiner Vaterstadt, die Mahlers Inspiration frühzeitig auf diese Märsche hingewiesen haben.

»In gemessenem Schritt, streng, wie ein Kondukt«
schleppt sich der erste Satz (Cis-Moll,2/2) hin. Von der
von Specht hier beobachteten »Parodistik und Veteranen-
haftigkeit« kann ich weder in Mahlers Vorschriften, noch
in dem ganzen Charakter der von Streichern, Klarinetten
und Fagotten angestimmten Weise etwas finden. Auch
zeigt ja die Durchführung – »plötzlich schneller, leiden-
schaftlich, wild« – in ihrem rhapsodisch freien Fluss bis
zur erweiterten Wiederholung des Marsches, wie bitter
ernst dem Tondichter zumute war. Ein Motiv aus den Kin-
dertotenliedern, das gegen Schluss auftaucht, wie auch der
Reichtum an immer neuen Steigerungen der trostlosen

Klage verrät herzlich wenig von der »Lebensbejahung«, die viele in dieser Symphonie erblicken wollen. Im Gegenteil: der »stürmisch bewegte, mit größter Vehemenz« herniederprasselnde Anfang des zweiten Satzes (A-Moll, 2/2) dessen Thematik teilweise wiederholt und ausgestaltet wird. Die verzweifelte Grundstimmung wird hier in dem Nonenmotiv des Hauptthemas scharf betont, einem Motiv, das sich durch den ganzen Satz hindurchzieht. Es zeugt von der nie stockenden Fantasie Mahlers, dass er unermüdlich scheinbar neue Motive aus den alten entwickelt und sie mit größter Kunst kombiniert. Erst am Schluss dieses Satzes schimmert etwas von erlösendem Glanz, wenn ein Choralmotiv auftaucht, das aber erst im letzten Satz zur freien Entfaltung gelangt. In größtem Maßstabe gesehen ist auch der dritte Satz, dem Mahler zwar die Bezeichnung Scherzo (kräftig, nicht zu schnell, D-Dur, 3/4) gegeben hat, den er aber mit den gleichen überreichen kontrapunktischen Kombinationen und vor allem mit dem kühnsten Rhythmenwechsel ausstattet, den er wohl jemals angewendet hat. Nur im Trio, da wo die Tonart nach B übergeht und »etwas ruhiger« wird, ertönt eine Ländlerweise, die endlich etwas wie echten Scherzocharakter aufkommen lässt. Doch auch das ist nur eine Episode in diesem ruhelosen Auf und Nieder eines Tongebäudes, das wir staunend durchschreiten, als ständen wir in einem Zauberschloss vor immer neuen, immer herrlicheren Reichtümern und Wundern. Ein ganz eigenartiger Humor lebt in diesem Satz, eine Heiterkeit, die, wie es Hermann Bahr so treffend bezeichnet hat, »alles Leid der Welt in sich hat und weiß, dass sie nur aus dem eigenen Willen kommt«. Wie ein höchst erwünschter Ruhepunkt inmitten dieser Welt von Wirrsal mutet das folgende »Adagietto« (sehr langsam) an. Die seelenvolle F-Dur-Melodie, die von den Geigen, von Harfen und tiefen Streichern gestützt, hinschluchzt, wirkt wie ein Tränenerguss in tiefster Vereinsamung. Auch die weitere Durchführung dieses kurzen, aber bedeutungsvollen Mittelsätzchens ist von größter Innigkeit und Schlichtheit; aber es webt hier auch etwas wie ein leises, inbrünstiges Gebet um Kraft zur Selbstbefreiung. Die grandiose Bekrönung des Werkes bildet der Schlusssatz, ein Rondo-Finale. Man bewundert die Kunst des Komponisten, der aus dem ländlichen Hauptthema dieses Satzes (A l l e g r o   c o m - m o d o) und aus seinem fugenartig ausgeführten Gegenthema das Material für eine der gewaltigsten kontrapunktischen Leistungen geschmiedet hat, deren er fähig gewesen ist. In der oft plötzlich abbrechenden Art, wie eine Periode nach einem Trugschluss scheinbar weiter durchgeführt wird, aber in anderer Gestalt wiederkehrt, erinnert Mahler wieder an Bruckner. Kein Einsichtiger kann ihm indessen äußerliche Nachahmung des Vorbildes vorwerfen. Wer so vielgestaltige Durchführungssätze zu schreiben vermag, wie es dieser Schlusssatz der Fünften zum mindesten rein formell ist, der ist schon an sich ein hochbedeutender Musiker. Am wichtigsten ist der dritte, größte Hauptteil dieses gewaltigsten Rondosatzes der gesamten neueren symphonischen Literatur. Mit größter Kühnheit wir das Hauptthema ganz neu aufgebaut, kontrapunktisch genau umschrieben und in strahlender Größe zuletzt apotheotisch gesteigert; wer durchaus »logisch« sein will, mag hier ganz am Schluss etwas von Todesüberwindung erkennen. Für mich bildet gerade diese Fünfte das markanteste Beispiel dafür, wie sehr unser Meister fähig gewesen ist, ganz absolute Musik zu schreiben, die freilich nicht überall aus der ungetrübten Quelle der freien Inspiration geflossen ist und die daher allerdings von Hörer ein geistiges Mitgehen erfordert. Der unermüdlich selbstkritische Künstler ließ die Partitur seiner Fünften nicht weniger als dreimal neu stechen.

Die ganze Tragik des Weltgeschehens bricht aus der sechsten Symphonie hervor, die Mahler auch selbst als seine »Tragische« bezeichnet hat. Das im Jahre 1903 begonnene, 1905 erschienene und bei der Tonkünstlerversammlung des Allgemeinen Deutschen Musikvereines in Essen im Jahre 1906 zum ersten Male aufgeführte Werk sollte gerade in unserer Zeit, die von Tragik so ganz erfüllt ist, öfters gespielt werden. Nicht als ob sie geeignet wäre, in dem wilden Schmerz der Menschheit von heute zu wühlen. Man kann ja unseren Künstler nicht gründlicher missverstehen, als wenn man aus seiner schon öfters erwähnten »tragischen Gesinnung« vorschnell auf einen unversöhnlichen Schopenhauerschen Pessimismus schließen wollte. Gerade das Grundmotiv dieser Symphonie, die unmittelbar aufeinanderfolgenden Dreiklänge von A-Dur auf A-Moll, zeigt symbolisch, dass das Gegebene eigentlich die Lebensbejahung ist, dass sich jedoch das Weltenschicksal nicht um diesen »Strohhalmoptimismus« der armen Menschheit kümmert, und dass daher der Mensch sich in sein unabänderliches Schicksal mit tragischer Heiterkeit zu fügen habe. Darum stellt Mahler auch in diesem Werk im Gegensatz zur Dritten (wo er ja dem großen ersten die kürzeren übrigen Sätze hatte folgen lassen) den drei ersten Sätzen – Allegro, Adagio und Scherzo – ein ungeheuer langes Finale gegenüber, in dem er dann allerdings alle Dämonen der Tragik entfesselt hat. Viel bespöttelt wurden von den Philistern zuerst zwei Instrumente, die Mahler hier zu dem großen Orchester hinzugefügt hat, nämlich der Hammer und die Herdenglocken: und doch finden beide ungewöhnlichen Hilfsmittel lediglich Verwendung, um die Symbolik des Ganzen zu verstärken, nicht etwa um eines bloßen Effektes willen. Die Herdenglocken, deren sich der weltmüde Künstler dann in seinen letzten Werken mit besonderer Vorliebe bedient hat, weisen auf die Abgeschiedenheit der Hochalpen hin; sie sind ein Symbol der völligen Weltabgeschiedenheit, in die nur noch ferne Erinnerungen des Erdenlebens hineinklingen, der Hammer dagegen dient dazu, den dumpfen Schlag des Schicksals zu kennzeichnen.

Mahler war auch in dieser Symphonie weit davon entfernt, bloße Programmmusik zu schreiben. Wiederum beginnt ein marschartig energischer Satz; es ist, als schaffe sich der Tondichter in diesen seinen ersten Sätzen selbst erst die rechte Stimmung. Ungemein groß angelegt ist das Hauptthema, und breitgeschwungen kündet es schon äußerlich seine Bedeutung an. Mitten in die Durchführung tönt wieder ein choralartiges Motiv. Den engen Anschluss an die klassische Form der Symphonie beweist Mahler im Seitensatz, wo er die gesamt Exposition noch einmal wiederholt, ehe er die eigentliche Durchführung der Themen beginnt. Ganz unirdisch wird dieser Satz an der Stelle, wo über dem liegenden D der Bässe tonartlose Akkorde wie Äolsharfenklänge visionär erklingen, von süßen Herdenglockengeläut, Flöten und Pauken umspielt. Das Unfassbare jener in der Luft klirrenden Klänge, die als Naturlaute uns in der Gebirgseinsamkeit umweben, wird hier von dem mit der Natur in stetem Zwiegespräch stehenden Künstler in ganz unnachahmlicher Weise musikalisch gedichtet. Das ist keine Vierteltonmusik, sondern Mahler entnimmt auch an solchen Stellen, ein gesunder Musikant, der er stets bleibt, seine Klänge dem reich der Akkordik, nur dass er hier durch merkwürdig ungebräuchliche, aber doch stets durchaus logisch bleibende Sekundakkorde, die mit Dreiklängen abwechseln, die mystische Wirkung erzielt. Im weiteren Verlaufe des Satzes tritt der Choral in immer neuen Gestalten auf; gegen Schluss erhält der Satz schon etwas von der packenden Dämonie des urgewaltigen Finales. Der zweite Satz (Es-Dur, 4/4,

Andante Moderato) ist, im Gegensatz zum ersten, ganz ruhig gehalten. Wie so oft schwelgt Mahler hier wieder in der wohligen Ruhe der Natur, die ihm aber diesmal nicht wohlzuwollen scheint. Die sprunghafte Bildung der Themen und das hie und da etwas unvermittelte Zusammenstoßen verschiedener Themen soll zur Charakteristik des Geheimnisvollen beitragen. Ist doch ein wichtiger Abschnitt dieses Teiles geradezu als »m i s t e r i o s o « bezeichnet. Den Ruhepunkt des Satzes stellt die Coda dar, in der sich ein schubertisch-anmutiges Motiv, das schon in der Anfangsdurchführung hervortrat, noch einmal ausbreitet. Ganz seltsam wechselvoll in der Stimmung ist das nun folgende Scherzo (wuchtig, A-Moll, 3/8). Nirgends vielleicht in seinen Symphonien ahnt man die widerspruchsreiche Seele unseres Künstlers deutlicher als in seinen verschnörkelten, fast mephistophelisch rätselvoll lächelnden Scherzi; so auch in diesem, mit seinem parodistisch biedermeierhaften Trio, in dem unser Künstler vielleicht (ähnlich wie Richard Strauß in gewissen Teilen seines »Heldenlebens«) auf das behaglich selbstgefällige Treiben seiner Widersacher anspielen will. Auch hier verändert Mahler die gewöhnliche Scherzoform, indem er zwei Themengruppen konstruiert, die variiert werden und mit einer Coda abschließen. Die altväterliche Stimmung wird instrumental durch Oboen gemalt, während ein aufdringlicher Taktwechsel das parodistisch-triviale Element hineinträgt. Durch diesen Rhythmus soll auch irgendein alter Tanz gekennzeichnet werden. Eine große Bedeutung hat die hämmernde Pauke, die nicht bloß rhythmisch verstärkt, sondern das Thema immer wieder intoniert. Gegen Schluss erreicht die gruselig exotische Stimmung ihren Höhepunkt: ein aus früheren Themen hervorgegangenes, querständig harmonisiertes Thema wird von der Oboe mit Begleitung der Streicher (c o n   l e g n o !), Xylophon usw.

gebracht und durchgeführt, worauf der erste Teil noch einmal verändert wiederkehrt – das letzte Wort hat die Pauke mit dem Leitmotiv A-C-A.

Alles Vorangegangene scheint aber nur wie ein spukhafter Traum vor uns vorübergerauscht zu sein, sobald der gewaltige letzte Satz (A-Moll, 4/4, Haupttempo, A l l e - g r o e n e r g i c o) anhebt. Schon die Einleitung mit dem alterierten Terzquartakkord C-Es-Fis-As, der von den Bläsern und von Celesta und Harfen über dem Grundton C geheimnisvoll angeschlagen wird, bereitet auf die Weltuntergangsstimmung des Ganzen vor. Nirgends dehnt Mahler die der eigentlichen Exposition vorangehende Einleitung so lang aus, nirgends entwickelt er seine Themen fast vor unseren Augen so zielbewusst. Unmöglich, in dürren Worten die brodelnde Glut zu schildern, mit der sich die Durchführung immer dämonischer entfaltet. Ein Choral, den die Basstuben und Hörner anstimmen, gibt der seelischen Einkehr inmitten des immer gewaltiger anschwellenden Tonchaos Ausdruck, inmitten dieses nervenpeitschenden Hexensabbats von Tonvisionen, die auch an die Ausführenden, besonders auch durch die unruhvolle Rhythmik, die höchsten Anforderungen stellen. Endlich scheint ein Lichtstrahl das Dunkel zu erhellen; rauschend erklingt der Choral – da wird die Melodie durch einen die Hörer jählings durchzuckenden Schlag des Orchesters mit dem Hammer abgebrochen! ... Dann ertönt der Choral f o r t i s s i m o noch einmal, die Posaunen treten mit einem früheren Motiv dazu, und nach einer gesteigerten Durchführung und nach einem »etwas beunruhigenden« Zwischensatz kommt es zu dem zweiten Teil des eigentlichen Durchführungssatzes, in dem das Marschtempo schon den Endkampf vorbereitet. Noch einmal schmettert ein Hammerschlag schicksalstrotzig dazwischen: dieser letzte Teil des (über dreißig Minuten währenden) Satzes muss fürwahr in einer Stimmung entstanden sein, da den Künstler selbst ein Grauen vor allem Irdischen erfasst hat. Doch selbst in diesen letzten Teilen weiß der schöpferische Organisator Mahler seinen Motiven immer neue Kombinationen abzuringen; immer neue Farben mischt er auf seiner Orchesterpalette, und immer wieder werden die Orchesteraufschreie von resignierten, dumpf rollenden Klängen abgelöst, bis schließlich eine Ermattung eintritt. Noch ein allerletztes Mal ertönt wie eine Schreckensvision grell der leitmotivische A-Moll-Dreiklang der Trompeten und mit einem leisen Trommelschlag das erschütternde Werk verklingt! Durchaus richtig bemerkt Specht, dass eine solche Schöpfung nur ganz selten (wir setzen hinzu, nur bei einem besonders feierlich-tragischen Anlass) vor einer gewähltesten Hörerschar aufgeführt werden kann.

Sehr wenig gespielt wird leider auch die siebente Symphonie, in E-Moll. Im Jahre 1904 begonnen, 1908 erschienen, erlebte sie ihre erste Aufführung im Jahre 1908 in Prag. Vielleich in keiner anderen Symphonie hat Mahler so bewusst und mit solcher Vorliebe Motive aus früheren Werken verwendet, wie gerade in der Siebenten, die nicht mit Unrecht die »Romantische« genannt worden ist. Schwermütig scheint der Künstler in den Mittelsätzen, in diesen »Nachtmusiken«, wie im Wachtraum auf sein früheres Leben zurückzublicken. Noch einmal tritt die Freiheit der Formgebung in der Gliederung des ganzen Werkes klar zutage. Wieder erlaubt sich Mahler eine kleine Abweichung im Aufbau, indem er auf einen für sich stehenden ersten drei kleineren Sätze, zwei Nachtmusiken zwischen einem Scherzo, folgen lässt und das Ganze dann wieder mit einem Rondo-Finale abschließt. Die Siebente mutet fast so an, als habe sich der Schaffende von dem gewaltigen inneren Nachhall noch nicht losmachen können, den die aufwühlende Vorstellungswelt der Sechsten in ihm wachgerufen hatte, zitiert er doch im zweiten Satz geradezu das charakteristische Dur-Moll-Motiv aus der Sechsten.

Dem ersten Satz (E-Moll, Hauptttempo: A l l e g r o c o n f u o c o, a l l a b r e v e) geht eine weit ausgesponnene Einleitung voraus, die nach Mahlers eigenem Ausspruch das »Röhren der Natur« versinnbildlicht; düstere Leichenzugrhythmen pochen wieder und führen zu dem, besonders dem Tenorhorn übertragenen leidenschaftlichen Einleitungsthema. (Es sei bemerkt, dass die Instrumentation dieses Werkes, vielleicht abgesehen von den im »Lied von der Erde« so wichtig werdenden Instrumenten, der Gitarre und Mandoline, und von dem wieder durch Herdenglocken, Glocken und Ruten verstärkten Schlagzeug, nichts besonders Auffälliges zeigt.) Das spätere Hauptthema wird in der bei Mahler stets üblichen Weise zuerst angedeutet, um dann plötzlich – »drängend« – in seiner fast ätzend scharfen dissonierenden Gestalt hervorzutreten. Quartensprünge führen zu eigenartigen chromatischen Horngängen. Im Seitensatz erklingt eine der schwärmerischen Geigenkantilenen, wegen deren süß-naivem Charakter man unserem Künstler mit bewusster Übertreibung eine Vorliebe für Süßlichkeit oder gar für Trivialität angedichtet hat. Mahler begnügt sich nie mit einem bloßen Ausbreiten der Kantilenen, die übrigens in ihrem lyrischen Wohlbehagen recht deutlich verraten, wie sehr der Lyriker in dem Symphoniker letzten Endes auch in diesen »absoluten« Symphonien durchbricht. Gerade in dem ersten Satz seiner Siebenten gelangt der Tondichter erst ganz allmählich, nach mannigfachen Umbildungen und Kombinationen seiner Themengruppen dazu, der Solovioline das Wort zu erteilen, die dann die Kantilene wohlig breit hinströmen lässt. Im Aufbau der Reprise zeigt Mahler ein auffallendes Wachsen seiner technischen Leistungsfähigkeit.

Im zweiten Satz (Nachtmusik, C-Dur, 4/4, A l l e g r o
m o d e r a t o) lässt Mahler noch einmal die Erinnerungen an die Jugend, an die Marsch- und Liebeslieder aus
»Des Knaben Wunderhorn« wach werden. Sogleich im
Einleitungsteil führt das Dur-Moll-Motiv aus der Sechsten
zu einem schauerlichen Geistermarsch. Man merkt dem
Marschthema die Kraft und Frische der Inspiration deutlich an, und auch die ganz in die drohend grollenden Klänge
der Bässe und des Kontrafagottes getauchten Gegenthe-
men stimmen trefflich zu dem düsteren Charakter des Satzes. Vorübergehend lockt zwar ein den Celli übertragenes
Volkslied aus der Jugendzeit (erstes Trio), dem sich später
ein Gegentrio der Oboen und Flöten gesellt, aber schließlich mündet der Satz wieder in die Hauptthemen, die in
einer von nächtlichen Naturlauten durchsetzten, ungemein
malerischen Coda verrauschen. Noch grotesker ausgefal-
len ist das zweite Nachtstück (»Schattenhaft«, D-Moll,
3/4). Von ferne etwas an Berlioz' Satz von der Fee Mab
gemahnend, huscht dieser dritte Satz gespenstisch wie eine
Geisterjagd vorüber. Einmal kommt es fast zu einem regel-
rechten Walzer der Geister, doch bringt dann das Trio der
Oboen wieder die ruhige Liedweise, bis der Walzer in der
Reprise in wilder Verzerrung den grotesk schauerlichen
Stil des Satzes noch einmal betont. Als ein echtes Orches-
terlied, das gerade dadurch umso echter wirkt, weil die
Weisen uns in ihrem ganzen Zuschnitt an alte Volkslieder
erinnern, ist man versucht, den nächsten Satz zu bezeichnen (Nachtmusik, F-Dur, 2/4, A n d a n t e a m o r o s o).
Der in erotischen Dingen noch völlig auf dem Boden der
Romantik stehende Künstler schlägt hier Töne eines echt
süddeutschen Spitzweg-Humors an. Wir glauben eine
der gemütvollen Gestalten aus den Gemälden dieses uns
immer vertrauter werdenden süddeutschen Meisters zu
erblicken, wie sie nächtlicherweile auf der Mandoline der

Herzallerliebsten ein Ständchen bringt. Mit einem überaus behaglich anmutenden Humor ist dieser Satz auch instrumental in mehr leichter Ständchenmanier gehalten. Echter Musikantenwitz spricht aus der Stelle, wo die Solostreicher, die quintenweise nacheinander einsetzen, das Stimmen von Geigensaiten nachahmen; als wolle der verliebte Seladon noch einmal die Mandoline zum zweiten Verse stimmen.

Dem letzten Satze soll Mahler das Motto »Was kost't die Welt?« mitgegeben haben. Dieses Rondo gehört zum übermütigsten, was seiner rastlosen Feder entflossen ist. Mahler schwelgt in diesem Rondofinale (C-Dur, 4/4, A l l e g r o o r d i n a r i o) förmlich in der, von ihm ja stets so meisterhaft gehandhabten Variationenform. In seiner Vorliebe für das Schlagzeug als stimmungsförderndes Element, eine Vorliebe, die ihre ideelle Quelle gleichfalls in seinen Jugenderinnerungen an die Militärmusik haben mag, lässt er den Satz mit einem kräftigen Schlag der Solopauke einsetzen, worauf Hörner und Holzbläser das lustige Geschmetter beginnen. Etwas Festliches haftet dem Hauptthema an, eine Widerspiegelung des inneren Glanzes, wie er den beglückt Schaffenden in seinen tiefsten Stunden überstrahlt. Im Seitensatz herrscht noch einmal ländliches Sichergehen vor, das unmittelbar an den schlagkräftigen Bauernhumor der Brucknerschen Scherzi anknüpft, ohne jedoch in der beschaulichen Naturnaivität des Vorbildes stecken zu bleiben. Ein dritter Seitensatz im 3/2-Takt führt das Themengebilde weiter, und es entwickelt sich nun auch in diesem Satze eine ins Riesenhafte sich auswachsende Durchführungsarbeit, die unerschöpflich ist in der immer neuen Kombinierung der Motive und Themen immer schärfere Kontrastwirkungen verwendet, immer größere Steigerungen herbeiführt, bis zuletzt wieder ein pompös heroischer Satz das Ganze bekrönt. Im Verlauf der

Entwicklung fesselt noch besonders eine Episode, in der frühere Motive zu einem graziösen, »fast menuettenartigen« Sätzchen verwoben werden. Gegen Schluss kehrt das für diese Symphonie überhaupt charakteristische Quartenthema (das in seiner harmonischen Verwertung dem Werk einen ausgesprochen modernen Anstrich verleiht) wieder, und es türmt sich in echt Mahlerischer Wucht ganz allmählich eine sehr breit angelegte Coda auf; »etwas feierlich, prachtvoll« werden noch einmal diejenigen Motive betont, in denen der Grundcharakter des ganzen Werkes am schärfsten hervortritt.

Sechstes Kapitel

Die achte Symphonie. Nochmals Mahler, der Organisator.
Das Lied von der Erde.

In einem seinerzeit viel zu wenig beachteten Aufsatze »Gustav Mahler als Organisator« (in einem der beiden Mahler-Hefte der Zeitschrift »Die Musik«) hat der um die Anerkennung unseres Künstlers aufopferungsvoll bemüht gewesene Münchner Konzertagent Emil Gutmann uns ausführlich von der gewaltigen Arbeit erzählt, die Mahler in München bei den umfassenden Vorbereitungen zur Aufführung seiner Achten treffen musste. »Die zahllosen Proben«, erzählt Gutmann, » die Mahler verlangte, zielten nicht bloß auf äußerste Disziplin, nicht auf vollkommenste Beherrschung des Stofflichen allein ab. Mahlers Arbeit ging dahin, das ursprünglich zerstreute Material der ausführenden Kräfte in ein homogenes umzugestalten. Überaus genau war er in den Chorforderungen, bestand darauf, dass ganz autoritative Dirigenten die Vorbereitung leiteten ... ebenso individuell wurden die Solisten ausgewählt ... So erreichte es Mahler stets, alle seine Mitarbeiter nicht nur aus persönlichen (ehrgeizigen) Gründen, sondern vor allem sachlich für die Aufführungen zu interessieren. Er verhinderte auch den Vertrieb der ›Führer‹; ›meine Symphonie heißt nicht Faust-Symphonie, ist keine Faust-Symphonie und ich verbitte mir jede Bezeichnung!‹ – Als Mahler in dem Halbdunkel der Riesenhalle an das Dirigentenpult trat, empfand jeder: einem Urwesen war eben das Herz eingesetzt worden, gleich würde es zu schlagen beginnen. Mahler hat nie etwas dirigiert, was nicht eine Anrufung der schöpferischen Gottheit gewesen wäre, und dies ist es, was Mahler, der Organisator, den Menschen, die ihm zuzuhören bereit waren, zu geben hatte!« Soweit Emil Gutmann.

Dazu muss man nun bedenken, dass, wie uns Stefan berichtet, gerade damals, im Sommer der Jahres 1910, einem besonders nasskalten Regensommer, unser Künstler ermüdet und halb krank nach München gekommen war, wo ihm indessen angesichts der großen Aufgabe alsbald wieder die Flügel zum Schaffen wuchsen und er täglich zweimal Proben leitete.

Was nun das Gipfelwerk Mahlers selbst betrifft, das am 12. September 1910 in der Festhalle der Münchener Ausstellung die unvergessliche erste, in solcher restlosen Vollendung wohl kaum je wieder zu erreichende Uraufführung erlebt hat, so ersehen wir aus Mitteilungen Décseys, dass Mahler die Anregung dazu denn doch aus Goethes Faust, zweiter Teil, geschöpft, und dass er daraus ja auch den zweiten Teil dieses, innerhalb seines Lebenswerkes ganz für sich dastehenden Werkes zwar nicht entnommen, aber doch frei danach gestaltet hat. »Es ist das Größte, was ich bis jetzt gemacht habe«, schreibt er an Willem Mengelberg, »das Universum beginnt zu tönen und zu klagen.«

Nur äußerlich können wir diese Achte eine Kantate nennen, in Wahrheit ist sie eine Vokalsymphonie, und zwar hat der erste der beiden Riesensätze Sonatenform, während der zweite die alten Formen – Adagio, Scherzo, Finale – in sich begreift. Das Große und wahrhaft Schöpferische dieser Tondichtung beruht vor allem, ganz allgemein gesagt, in der lapidaren Einfachheit des Ganzen. Nirgends anderswo ist Mahler so ganz Klassiker in dem übertragenen Sinne der tonalen und formalen Übersichtlichkeit der Gesamtarbeit, obwohl der den Ausführenden gleichwohl die größten Schwierigkeiten zumutet. Die Singstimmen beherrschen den Orchesterpart machtvoll, und dennoch hat auch das Orchester gleichzeitig die Führung.

Mahler schwebte offenbar die Zusammenfassung zweier möglichst gleichwertiger Menschheitsdichtungen vor, und zwar liegt dem ersten Teil der Hymnus »Veni creator spiritus« (Komm, Gott Schöpfer, Heiliger Geist, Besuch' das Herz der Menschen dein, Mit Gnaden sie füll, Wie du weißt, dass dein Geschöpf vorhin sei) zugrunde, den der Mainzer Erzbischof Hrabanus Maurus (776-856) angestimmt hat, während dem zweiten Teil die letzte Szene aus Goethes »Faust«, zweiter Teil, Wesen und Gestalt verliehen hat.

Wohl kein zweites Mahlersches Werk zeigt eine solche Unmittelbarkeit des Erlebens und musikalisch eine so ununterbrochene Stetigkeit wie die Achte. In drei Wochen ist diese gewaltige Partitur niedergeschrieben worden, »als ob sie ihm diktiert worden wäre«, wie er selbst sagte. Sie zeigt die größten darstellerischen Mittel: außer einem großen Orchester, in dem viele Instrumente mehrfach, mindestens aber zweifach besetzt sind, werden zwei gemischte Chöre, ein Knabenchor und sieben Solisten beschäftigt. Wir müssen uns daran erinnern, dass unser Künstler als Jüngling in der Zweiten dem Problem der Erlösung von der Todesvernichtung nachgegangen war. Hieran knüpft er in der Achten wieder an und singt das Lied von der Erlösung des Menschlichen durch das Göttliche, von der inneren Befreiung des Künstlers durch sein Werk. So wird der schöpferische Geist des Maurusschen liturgischen Hymnus in Goethes Faust-Symbolik zur Welterlösung. Die Gestalt der Gottesmutter symbolisiert, als göttliche Verkörperung des Ewigweiblichen, zugleich das allgemein Schöpferische in der Welt, als das Weltüberdauernde innerhalb des Weltgeschehens.

Dementsprechend ist auch die Einheit der Thematik in der Musik mit einer fanatischen Strenge fest- und innegehalten; daneben fällt die streng durchgeführte tonale Gleichartigkeit auf, die in eindringlicher Weise das Ewigbestehende versinnbildlicht. Dazu tritt dann noch eine ungemein enge Verwandtschaft der Themen untereinander; eine fast architektonisch strenge Gliederung ist dadurch erreicht.

Ohne Vorspiel setzt der erste Teil mit dem Sehnsuchtsthema »V e n i c r e a t o r s p i r i t u s« ein; und der ganze erste Satz ist in dem strengen Stil der Kirchenmusik gehalten. Edgar Istel hat in seiner Analyse der Symphonie (Schlesingersche Musikführer Nr. 370) auf die innere Verwandtschaft der einzelnen Themen des ersten mit denen des zweiten Teiles hingewiesen. Niemand jedoch ist imstande, den mystischen Hauch in Worten wiederzugeben, der schon in diesem ersten Teile über den Stimmungskontrasten zwischen den verschiedenen Teilen der Dichtung untereinander und zu den orchestralen Zwischensätzen besteht. Der Höhepunkt der Durchführung ist bei »A c c e n d e l u m e n« erreicht. Besonders herrlich wirkt gegen Schluss der Einsatz des Knabenchores bei den Worten »G l o r i a, i n s a e c u l o r u m s a e c u l a«. In dem zweiten und Hauptteil tritt die ganze Mystik der Mahlerschen Tonfantasie noch einmal bildhaft aufleuchtend vor uns hin; vielleicht hat hier unser Künstler auch das geheime Sehnen nach einer höchst vergeistigten Bühnenmusik, nicht nur seine oratorisch freie Weltanschauung in seine Töne bannen wollen, wenn auch der Form nach die Symphonie beibehalten ist. Aus diesem in Es-Moll beginnenden zweiten Teil seien vor allem die einleitenden Chöre der heiligen Anachoreten »Waldung, sie schwankt heran«, dann die ganz verklärte Erscheinung der Jungfrau erwähnt. Dieses Thema der M a t e r   g l o r i o s a ist von einer völlig verzückten Inbrünstigkeit erfüllt, die sich doch weit von jedweder dogmatischen Starrheit entfernt. Unvergänglich aber, nicht nur innerhalb des Mahlerschen Schaffens ist die Schönheit und Milde der »c h o r u s   m y s t i c u s «; nie wieder können die Worte »Alles Vergängliche ist nur ein Gleichnis« so absolut vollkommen getroffen werden; sie sind unserem Künstler in Wahrheit von einer höheren Macht diktiert worden.

Zu den unvergesslichen Mahler-Erlebnissen rechne ich auch die Münchner Uraufführung des »Liedes von der Erde«, die im Todesjahre unseres viel zu früh Verblichenen, 1911, im November, unter der schwärmerisch erdentrückten Leitung Bruno Walters die Herzen der Hörer erzittern machte. Wie hier ein Todesahnender ganz bewusst Abschied von den Freuden und Leiden der Erde nimmt, das greift unmittelbar an die Seele jedes Empfänglichen. Ein Freund brachte ihm eines Tages eine Sammlung chinesischer Lyrik, betitelt »Die chinesische Flöte«, die Hans Bethge, der feinsinnige Nachträumer fremder Kulturen, in äußerst zartsinniger Weise in Worte gefasst hat. Mahler begnügte sich auch dieses letzte Mal in seiner ästhetischen Selbstkritik nicht damit, irgendwelche Gesänge auszuwählen, sondern er schuf einen organischen Zusammenhang, eine Steigerung. Da und dort zog er wohl auch mehrere

Verse in einen zusammen. Das Ewige der Erde symbolisiert sich in diesem Dichtungszyklus schon rein äußerlich
darin, dass Maler die uralten chinesischen Lieder zu einer
ganz modern wirkenden Einheit zusammenschweißt, als
wolle er nachweisen, wie sich gewissen Anschauungen
der Menschheit von Liebe und Glück, und vor allem vom
Abschied von dieser Welt tragisch ewig gleich bleiben.

In den drei letzten Sommern seines Lebens, die er
1908, 1909 und 1910 in Alt-Schluderbach bei Toblach
verbrachte, nahm Mahler mit diesem Lebenslied wehmü-
tig innigen Abschied von der geliebten Allmutter Erde,
in der sich ihm das Ewigheitere in unserem Kosmos spiegelte. Sechs Gedichte liegen zugrunde, das »Trinklied vom
Jammer der Erde«, »Der Einsame im Herbst«, »Von der
Jugend«, »Von der Schönheit«, »Der Trunkene im Früh-
ling« und »Der Abschied«. Wie streng symphonisch
Mahler auch in dieser Orchesterlieder-Symphonie arbeitete, geht schon aus der konzertanten Art hervor, mit welcher er die Singstimme behandelt; es zeigt sich ferne, innerhalb der Sätze, in der Art, wie er die einzelnen Dichtungen
doch stimmungsmäßig gegeneinander stellt und zu einer
Einheit auch thematisch zusammenschließt. Wir möchten
hier auf die vortreffliche Analyse des Werkes verweisen,
die Mahlers Freund und Schüler J.B. v. Wöß 1912 (in der
Universal-Edition, Wien) hat erscheinen lassen und in der
mit liebevollster Sorgfalt die Einzelarbeit der verschiedenen Sätze zergliedert wird. Ein Grundmotiv, A, G, E, zieht
sich durch die ganze Partitur, das dem Rätsel des Irdischen
nachzugehen scheint. Seine ganze mephistophelische Bit-
terkeit entfaltet Mahler wieder in diesem, zwischen Moll
und Dur schwankenden geistsprühenden Stück, dem die
helle Tenorstimme einen seltsamen Kontrast zu dem Inhalt
der Dichtung mit dem Motto »Dunkel ist das Leben, ist
der Tod« verleiht (Mahler hat hier impulsiv ein paar Vers-

zeilen frei hinzugedichtet). Aus dem zweiten Verse tritt die Stelle »Gräber im Mondschein« durch die plastische orchestrale Schilderung besonders scharf hervor. Den denkbar größten Gegensatz zum ersten schafft der zweite (D-Moll-)Gesang »Der Einsame im Herbst«, der in Rondoform gehalten ist und in den schwebenden Sekundfortschritten der von gedämpften Geigen umschleierten Oboen die Herbsteinsamkeit wundervoll malt. Die tiefe Schmerzensgröße des lebenssatten Menschen bricht bei der Stelle »Ja, gib mir Ruh', ich hab' Erquickung not!« hervor. Wie ein kleines Scherzo ergießt sich dann in dem freudigen B-Dur das Lied »von der Jugend« über uns; dieser Satz zeigt in den Reprisen die symphonische Arbeit besonders deutlich und verwendet harmonisch auch zum ersten Male das chinesische Pentachord (B C D F G). Wo Mahler im zweiten Teil (»In dem Häuschen sitzen Freunde«) das Triangel verwendet, kann man wirklich einmal von »gemalter Musik« sprechen. »Von der Schönheit« singt im vierten Satz noch einmal die Altstimme. Thematisch interessant ist die Verwandtschaft des Hauptthemas mit dem des vorhergehenden Satzes. Das Pentachord wird hier nicht bloß tonmalerisch, sondern zugleich stimmungsvertiefend verwertet und umspielt in seiner motivischen Verarbeitung die Altstimme. Von köstlicher Frische ist in dem Liede die Orchestermalerei erfüllt, die dem Getümmel der kraftstrotzenden Jugend instrumental mit glühendster Begeisterung nachgeht. Den Höhepunkt dieser mit dem dritten Satze einsetzenden heiteren Satzfolge bildet dann der nächste Sang »Der Trunkene im Frühling«; es ist ein von jeglicher Erdenschwere völlig losgelöster, dionysisch jauchzender Lobgesang auf den rauschähnlichen Genuss des Lenzes, übervoll voneinander übersprudelnden, auch harmonisch genialen Einfällen; man beachte die Stelle »warum denn Müh' und Plag'?« mit den Melodiesprüngen,

die der Solotenorstimme heikle Aufgaben zuweisen; ungemein naturpoetisch tönt der Sang beim Nahen des Lenzes
(»Der Lenz ist da«) aus. Zu Mahlers allertiefsten, zugleich
aber allerschmerzlichsten Schöpfungen gehört dann der
»Abschied«: den Text dazu hat der Komponist aus zwei
Bethgeschen Dichtungen »In Erwartung des Freundes«
und »Der Abschied des Freundes« zusammengestellt.
Von wundervollster Klangsattigkeit erfüllt ist schon allein
das die Stimmung der Dichtung gleichsam tragende Kon-
tra-C der Bässe, Harfen, Hörner und des Kontrafagottes,
eine schluchzende Trauer, in die dumpfe Tamtamschläge
wie aus den dunklen Tiefen einer uralten Gruftkapelle
hineindröhnen; Grabesschauer weben über dem Doppel-
schlag der einsam trauernden Oboe. (Das Motiv ist aus
einer Melodie des ersten Satzes gebildet.) Die Altstimme,
die mit mütterlicher Milde erzählt, wird von einem zarten
Vogeltrillergebilde der Flöten begleitet, wie denn Mahlers
Versunkenheit in die Natur auch sonst aus diesem Satze
andachtsvoll hervortönt. Den Höhepunkt erreicht dieser
letzte Hymnus eines ganz mit der Natur Vermählten dort,
wo den Abschiedstrunkenen der Schmerz bei den Worden
»O Schönheit, o ew'gen Liebens, Lebens trunkne Welt«
übermächtig packt, und wo dann unter dem Trauergeleit
der Holzbläser alles Lebensleid an seinem inneren Auge
vorüberzieht. Wie tief schöpferisch Mahler wurde, wenn
das innerste Erleben ihm die vor Erregung zitternde Feder
führte, beweist die Stelle: »Du, mein Freund, mir war auf
dieser Welt das Glück nicht hold«. Immer jenseitiger, verklärter wird die Stimmung, Celesta und Mandoline lassen
die Klänge des Orchesters gleichsam zerrinnen; dem Rätsel des Daseins aber gibt am Schluss der unaufgelöste Vor-
halt tiefst musikalischen Sinn.

Letztes Kapitel

Die neunte Symphonie. Skizzen zur Zehnten.
Rückschau. Mahlers Harmonik. Mahlers Förderer.
Das Vorbildliche Mahlers. Ausblick.

Es ist nur logisch, dass sich der poetische, aber auch der musikalische Stoff des »Liedes von der Erde« in Geist und Brust des scheidenden Tondichters so festsetzen musste, dass seine allerletzten Schöpfungen, die Neunte wie auch die Skizzen zur Zehnten noch deutliche Spuren dieser Abschiedsstimmung zeigen. Fällt doch auch die Komposition der Neunten zeitlich teilweise in jenen Sommer des Jahres 1908, in dem das »Lied von der Erde« begonnen wurde. Fertiggestellt wurde die Neunte im Jahre 1909, erschienen ist sie im Jahre 1912; ihre erste Aufführung aber erlebte sie – müssen wir noch hinzusetzen, unter Bruno Walters ganz in Mahlers Träume verwobener Führung? – bei Gelegenheit der Wiener Musikwoche im Juni 1912.

Ein tragisches Mehrwollen als -Können liegt über der Neunten; Specht vermutet richtig, dass Mahler sicherlich diese recht ungleichmäßig ausgefallene Schöpfung noch stark umgearbeitet hätte. Zu groß ist die Kluft, die namentlich zwischen dem ersten und zwischen den beiden teilweise fast schwach zu nennenden Mittelsätzen besteht. Der erste Andantesatz mutet wie ein Weiterspinnen der Abschiedsgedanken des »Lieder von der Erde« an. Wohl ist auch dieses Stück nicht ganz frei von den prometheisch trotzigen Aufrüttelungen früherer erster Symphoniesätze, aber im Ganzen spricht doch tiefste Wehmut aus dem Satze, der formell ungemein reich und weit ist; ob wir aber wirkliche neue Erweiterungen der Symphonieform darin zu ersehen haben, möchte ich doch bezweifeln. Deutlich sind Erinnerungen an die Weisen der »Kindertotenlieder« vernehmbar. Ein von der grotesken Ironie mancher früherer Scherzi erfüllter Ländler schließt sich an. Viel Anfeindung fand seinerzeit, bei der Wiener Erstaufführung, die Rondoburleske, die jedenfalls in ihrem orchestralen Aufbau und in der ganzen Stimmung noch echtester Mahler ist. Das Finale erinnert deutlich an das der Fünften; sollen wir das nicht lieber als bewusste Anknüpfung an ein ganz bestimmtes Stoffgebiet auffassen oder sollen wir hier in der Tat, wie Specht, an Selbstwiedererholung eines Ermüdeten denken? Das friedliche Adagio, das die Symphonie ausläutet, rundet in seinen Abschiedsstimmungen das Bild dieses Orchesterepiloges zum »Lied von der Erde« aufs Harmonischste ab.

»Leb wohl, mein Saitenspiel!«, so soll auf den letzten Partiturseiten der Skizzen zur Zehnten zu lesen sein; auch sonst sollen (nach Specht) allerlei »geheimnisvolle Ausrufe« auf den Blättern sich finden, Ausrufe, die zeigen, dass der kranke Künstler damals, im Sommer 1910, in Toblach, als er daran gearbeitet hat, von ganz eigentümlichen Visionen verfolgt gewesen sein muss. Dennoch soll der ganze Charakter der Skizzen übermütig sein. Mahlers Wunsch zufolge wird die zehnte Symphonie niemals von fremder Hand vollendet, also auch niemals aufgeführt werden.

Betrachten wir noch einmal kurz zusammenfassend Mahlers Harmonik, so sehen wir, wie zwar bei diesem liederfrohen Musikanten aus Böhmerland das melodische Element stets den Vorrang vor dem harmonischen behauptete, wie aber gleichwohl seine melodischen Fortschreitungen – wie es Bruno Walter ausdrückt – »die Kühnheit ihrer harmonischen Verbindungen rechtfertigen«.

Innerhalb der Diatonik hat Mahler oft übermäßige und verminderte Intervalle, auch wohl Querstände verwendet, doch zeigt seine Harmonik nicht von der bewussten

Chromatik mancher Übermoderner; höchstens dass er ausnahmsweise als klangliches Steigerungsmittel sich chromatischer Läufe bedient. Ganz eigenartig vermischt wird Dur und Moll, das zuweilen fast zu einer Einheit zusammenwächst. Plötzliche Übergänge von Dur zu Moll haben meist symbolische Bedeutung. Mit den Tonarten geht Mahler auch sonst ziemlich frei um, und er gehört zu jenen, allen Schulpedanten verhassten »eigensinnigen« Musikern, die nicht immer die Anfangstonart bis zum Schluss streng festhalten, um dann oft, etwa in seinen Liedern, dadurch gerade die überraschendsten Wirkungen hervorzurufen. Unverkennbar ist seine Vorliebe für Orgelpunkte, über denen er oft die kühnsten Harmoniefolgen aufbaut, ohne seinen Blick für die klare Gliederung zu trüben.

Nunmehr sind wir zu dem unserer Meinung nach stärksten Charakterzuge unseres Künstlers gekommen, zu der Vorbildlichkeit seines ganzen Wesens. Überall schaut aus dem Lebenswerk dieses wahrhaft großen Künstlermenschen sein gütiges Herz heraus und die unerschütterliche Ehrlichkeit seines Wesens. Wie vielen hat dieser »Tyrann« nicht gerade in der entscheidenden Phase ihrer künstlerischen Entwicklung geholfen! »Die Zeit der Proben mit ihm in Wien ist meine einzige ungetrübte Theatererinnerung«, sagt Hans Pfitzner. Das Vorbildliche Mahlers als Mensch wie als Künstler war sein äußerster Wille zum Ethischen. »Wir kehren alle wieder«, war einer seiner bezeichnendsten Aussprüche: »Ich muss ethisch leben, um meinem Ich schon jetzt ein Stück des Weges zu sparen!« Darum war es ihm Notwendigkeit, sich mit einer Schar wahrer Gesinnungsgenossen und Freunde zu umgeben; diese Umgebung bildete gleichsam für ihn den Schutzwall, an dessen granitener Härte aller Schmutz und alle Verleumdung wirkungslos abprallen mussten.

Überblicken wir die stolze Reihe seiner Freunde, so befinden sich darunter die bedeutendsten modernen Kapellmeister und Komponisten, nicht etwa bloß in Wien, wenn er auch dort wohl die treuesten zählte; ich nenne Zemlinsky, Bodansky, Brecher, Weigl, Kienzl und von Ausländern namentlich noch Mengelberg sowie den geistvollen Instrumentalkoloristen Paul Dukas und Alfred Casella, einen seiner Intimen, der die schönen Worte über ihm geprägt hat: »Wir grüßen in Mahler den einzigen Musiker, der die wahre Tragweite der Ode an die Freude erfasst hat!« Also auch Casella ersieht das Vorbildliche in Mahler in seiner ethischen Freude an der Erhebung zum Höchsten. So wissen wir durch Guido Adler, dass unser Künstler auch in seinen Mußestunden, in seinem Heim, sich der vollen Verantwortlichkeit seiner sittlichen Sendung stets bewusst geblieben ist. Zu seinen intimsten Freunden gehörte auch Dr. Siegfried Lipiner, seines Zeichens Bibliothekar des Parlamentes in Wien, aber im Herzen Dichter und leidenschaftlicher Anhänger der talmudistischen Weltanschauung. Darüber ist es dann jahrelang zu einem Bruch zwischen den beiden gekommen, bis ein Jahr vor dem Tode, wie Specht berichtet, wieder eine Versöhnung zustande kam. Auch hier sehen wir das hohe Ethos Mahlers in seinem Willen zur Erkenntnis, in seinem nimmermüden Bestreben, sich auch in die seinem eigenen noch so entgegengesetzten Naturelle zu versenken, um sich ihnen zuletzt zu nähern.

Eine der allerschwierigsten Fragen stellt uns der Ausblick auf die Zukunft des Mahlerschen Lebenswerkes. Wir wissen, dass der Künstler bei Lebzeiten seine Werke bei der Uraufführung sehr ungern anderen überlassen hat; nur ganz wenige, Bruno Walter, Oscar Fried und dann seine begeisterten Förderer Strauß und der verstorbene Dresdner Generalmusikdirektor Ernst von Schuch

103

gehörten dazu. Damit erklärt sich nun auch vielleicht die Scheu so vieler heutiger Dirigenten, es mit den schweren Mahlerschen Symphonien auf eigene Faust zu versuchen; ja, selbst Richard Strauß hält sich seit dem Tode Mahlers auffallend zurück: Das bedeutet eine Pietätlosigkeit, nicht nur gegen den großen selbstlosen Künstler, sondern auch gegen einen so begnadeten Schöpfer, wie es Gustav Mahler gewesen ist. Denn er gehört in der Tat zu den höheren Menschen, die nicht sterben; die nur sterben, um zu leben. Über alle konfessionellen und sonstigen Vorurteile hinweg sollte sich die Nachwelt angesichts eines solchen Künstlers stets bewusst bleiben, dass sie die heilige Pietätspflicht hat, sich voller Liebe und Treue auch in diejenigen seiner Symphonien und Lieder zu versenken, deren Ewigkeitsgehalt durch eine überleidenschaftliche Größe der Empfindung auf den ersten Blick etwas verdunkelt zu sein scheint, um sich dann bei wiederholtem Hören und Studieren desto reiner zu erschließen. – Erst wenn die musikalische Menschheit zu einer solchen Opferfähigkeit die innere Kraft aufzubringen vermag, wird sich Mahlers sittliche Sendung ganz erfüllt haben.

E n d e .